www.gaeliccourse

CW01314544

Gàidhlig

Leuman Gràmair

Pàirt 1

Ann Desseyn - Nic a' Chùbair (Cooper)

 Air fhoillseachadh ann an 2020.

ISBN 9781716678424

www.gaeliccourses.com

Cùrsa Gràmair - Pàirt 1

This book covers grammar topics with more in-depth explanation and exercises to complement my 50 Grammar Exercises Book.

1. Possessive Articles - Na h-altan Pearsanta.

Learning objectives

By the end of the lesson you should be able to:

- use possessive articles
- ask someone what hurts - tell someone what hurts
- use the verb to be in the past, present and future tense
- ask someone where they were/are/will be on holiday - tell where you were/are/will be on holiday
- tell who was/is/will be with you on holiday

Vocabulary ~ Briathrachas

Gàidhlig	**Beurla**
a' coinneachadh	meeting
a' còrdadh	enjoying
a' faicinn	seeing
a' faighinn	getting
a' falbh	leaving
a' tighinn	coming
a' tuiteam	falling
àm	time

am bliadhna	this year
an ath-bhliadhna	next year
an ath-sheachdain	next week
An Eadailt	Italy
An Fhraing	France
an uairsin	then
an-seo	here
an-uiridh	last year
antaidh	aunt
athair	father
bile	lip
bràthair	brother
caraid	friend
cas	foot
ceann	head
còmhla	together
corrag	finger
cupa	cup
fortanach / mì-fhortanach	fortunately / unfortunately
goirt	sore
làithean-saora / saor-làithean	holidays
latha	day

màthair	mother
òrdag	thumb
pàrant	parent
piuthar	sister
saor	cheap, free
seanair	grandfather
sgoinneil	great, cool
sùil	eye
turas	trip
uileann	elbow
uncail	uncle

Mìneachadh

There are 2 types of articles in Gaelic, the common article (an t-alt chumanta) and the possessive articles (na h-altan pearsanta).

The ***common article*** is what we know as 'the' and changes according to the gender of the following word, initial letter of that word, quantity or case.

The ***possessive article*** on the other hand does not change and shows that something (the noun which follows) belongs / is related to someone. Only 'mo, do and a meaning his' lenite following words (with exception of words starting with l, n, r, sg, sm, sp, st). This is called 'sèimheachadh'.

MO / M'	+ lenition of following word, m' + vowel	my
DO / D'	+ lenition of following word, m' + vowel (informal, 1 person)	your

Leave a space between m', d' and the following word.

A / (A)	+ lenition of following word no **a** in front of words starting with a vowel	his
A / A H-	a h- if followed by a words starting with a vowel	her

AR	n + if followed by a words starting with a vowel	our
UR	n + if followed by a words starting with a vowel (formal or group)	your

AN / AM **am** if followed by words starting with m, b, f or p their

2. Eacarsaich - Lìon na beàrnan.

.... mhàthair (my)	a (his) .... (brother)	.... uncail (your, informal)
.... phiuthar (your, informal)	mo .... (head)	.... antaidh (my)
.... chas (his)	do .... (finger)	.... òrdag (his)
.... sùil (her)	a (her) .... (grandfather)	.... uileann (her)
.... màthair (our)	am .... (lips)	.... uncail (your, formal)

.... piuthar (your, formal)	ur .... (head)	.... antaidh (their)
.... casan (their)	ar .... (fingers)	.... òrdagan (our)
.... bràthair (their)	an .... (friend)	.... athair (their)

3. Ceist 's freagairt. Lìon na beàrnan. Change the Possessive Article where needed.

A bheil do chasan goirt?	Tha. Tha mo chasan goirt. Chan eil. Chan eil mo chasan goirt.
A bheil a chasan goirt?	....
Nach eil an casan goirt?	....
Nach eil ur casan goirt?	....

4. Turn the following sentences into a question. Change the Possessive Article where needed.

Tha mo bhràthair a' tighinn.	A bheil do bhràthair a' tighinn?
Tha a phiuthar a' tighinn.	....
Tha a màthair a' tighinnn	....
Chan eil ar n-athair a' falbh.	Nach eil ur n-athair a' falbh?
Chan eil ur pàrantan a' falbh.	....
Chan eil am pàrantan a' falbh.	....

5. 'Càite' followed by the verb 'to be'.

Present tense (Tràth làthaireach)	**Càite a bheil + subject?** Càite a bheil thu? **Tha + subject + place.** Tha mi anseo. **Càite a bheil + subject + verbal noun?** Càite a bheil thu a' fuireach? **Tha + subject + verbal noun + place.** Tha mi a' fuireach anseo.
Past tense (Tràth caithte)	**Càite an robh + subject?** Càite an robh thu? **Bha + subject + place.** Bha mi anseo. **Càite an robh + subject + verbal noun?** Càite an robh thu a' fuireach? **Bha + subject + verbal noun + place** Bha mi a' fuireach anseo.
Future tense (Tràth teachdail)	**Càite am bi + subject?** Càite am bi thu? **Bidh + subject + place.** Bidh mi anseo. **Càite am bi + subject + verbal noun?** Càite am bi thu a' fuireach? **Bidh + subject + verbal noun + place** Bidh mi a' fuireach anseo.

6. ‘Cò’ followed by the verb ‘to be’.

Present tense	Cò tha + còmhla ri ... ?
	Tha + subject + còmhla ri ...
(Tràth làthaireach)	Cò tha còmhla riut?
	Tha mo bhràthair còmhla rium.
Past tense	Cò bha + còmhla ri ... ?
	Bha + subject + còmhla ri ...
(Tràth caithte)	Cò bha còmhla ri do mhàthair?
	Bha mo bhràthair còmhla ri mo mhàthair/rithe.
Future tense	Cò bhios + còmhla ri ... ?
	Bidh + subject + còmhla ri ...
(Tràth teachdail)	Cò bhios còmhla ri d’ athair?
	Bidh mo phiuthar còmhla ri m’ athair/ris.

Còmhradh

Patrick is phoning his friend Calum to arrange a meet up. The phone rings and Calum answers.

Calum	Hai a Phàdraig! Dè tha dol?
Pàdraig	Chan eil mòran. Am bu toil leat coinneachadh airson cupa cofaidh?
Calum	Bu toil. Ach tha mi air làithean-saora aig an àm seo.
Pàdraig	Obh! Nach tusa fortanach. Càite a bheil thu?

Calum	Tha mi anns an Eadailt. 'S e àite snog a th' ann.
Pàdraig	Cò tha còmhla riut?
Calum	Tha mo phàrantan agus mo bhràthair an-seo cuideachd.
Pàdraig	A bheil an turas a' còrdadh riut?
Calum	Tha. Gu mì-fhortanach thuit mi an-dè. Tha mo chasan agus uileann goirt.
Pàdraig	Uill, bu toil leam làithean-saora cuideachd.
Calum	Càite a bheil thusa a' dol am bliadhna?
Pàdraig	Chan eil fhios agam fhathast. 'S dòcha Afraga.
Calum	Bidh sin math! Bidh sinn air ais an ath-sheachdain.
Pàdraig	Sgoinneil! Bidh sinn a' faighinn cupa cofaidh an uairsin. Mar sin leat!
Calum	Mar sin leat, a Phàdraig.

Ceistean

1. Dè an abairt a bhios Calum a' cleachdadh gus faighneachd *(What phrase does Calum use to ask)* 'What is happening'?

....

2. Carson nach urrainn do Chalum coinneachadh ri Pàdraig airson cupa cofaidh *(Why can't Calum meet Patrick for a cup of coffee)?*

....

3. Ciamar a tha Pàdraig a' faighneachd *(How does Patrick ask)* 'Where are you'?

....

4. Càite a bheil Calum air làithean-saora *(Where is Calum on holiday)*?

....

5. An e àite snog a th 'ann *(Is it a nice place)*?

....

6. Cò tha còmhla ri Calum air làithean-saora *(Who is with Calum on holiday)*?

....

7. A bheil a shaor-làithean a' còrdadh ri Calum *(Is Calum enjoying his holiday)*?

....

8. Dè thachair do Chalum *(What happened to Calum)*?

....

9. Càite a bheil Pàdraig a' dol air làithean-saora am-bliadhna *(Where is Patrick going on holiday this year)*?

....

10. Cuin a bhios Calum air ais bho a làithean-saora *(When is Calum back from his holiday)*?

....

11. Dè an abairt a bhios iad a' cleachdadh airson beannachd fhàgail *(What phrase do they use to say goodbye)?*

....

2. Preposition DO + Personal Pronouns

Learning objectives

By the end of the lesson you should be able to:

- use the prepositional pronouns formed by DO + Personal Pronouns
- use the verb CAN / COULD
- tell someone where you can/could travel - ask someone where they can/could travel
- tell someone when you can/could travel - ask someone when they can/could travel
- tell someone how you will travel - ask someone how they will travel

Vocabulary ~ Briathrachas

Gàidhlig	Beurla
's urrainn	can
a-nochd	tonight
a-riamh	ever, never
a' bruidhinn	speaking
a' cluiche	playing
a' draibheadh	driving
a' seinn	singing

a' siubhal	travel
a' toirt	giving
ag innse	telling
Afraga	Africa
ag ithe	eat
an ath-mhìos	next month
baidhseagal	bicycle
barrachd	more
bòrd	table
bus	bus
A' Chàisg	Easter
càr	car
fìrinn	truth
naidheachd	news
plèana	plane
prèasant	present
sgeulachd	story
trèan	train

Mìneachadh

There are 2 ways this prepositional pronoun can be used
- to/for a person
- to express a relationship (... of a person)

DHOMH	to/for me
DHUT	to/for you (informal, 1 person)
DHA	to/for him
DHI	to/for her
DHUINN	to/for us
DHUIBH	to/for you (formal or group)
DHAIBH	to/for them

2. Eacarsaich - Lìon na beàrnan.

Thoir ....prèasant. (to him)	Seo bràthair .... (hers)
Thoir .... prèasant. (to me)	Seo piuthar .... (mine)
Thoir ....prèasantan. (to us)	Seo màthair .... (theirs)

3. Ceist 's freagairt. Lìon na beàrnan. Change the Prepositional Pronoun where needed.

A bheil thu a' toirt càr dha?	Tha. Tha mi a' toirt càr dha. Chan eil. Chan eil mi a' toirt càr dha.
A bheil e a' toirt plèana dhi?	....
Nach eil mi a' toirt bus dhut?	....

Nach eil iad a' toirt baidhseagalan dhuinn?

....

....

4. Turn the following sentences into a question. Change the Prepositional Pronoun where needed.

Tha mi ag innse dhut an naidheachd.
A bheil thu ag innse dhomh an naidheachd?

Tha e ag innse dhomh an fhìrinn.

....

Tha thu ag innse dhaibh an sgeulachd.

....

Tha i ag innse dha barrachd.

....

Chan eil sinn a' bruidhinn ri seanair dhuibh.
Nach eil sibh a' bruidhinn ri seanair dhuinn?

Chan eil iad a' bruidhinn ri pàrantan dhaibh.

....

Chan eil sibh a' bruidhinn ri caraid dhuinn.

....

Chan eil mi a' bruidhinn ri màthair dhomh.

....

5. The verb URRAINN is followed by the preposition DO. Change the Prepositional Pronoun where needed.

Leave a space between 'S or B' and urrainn. Notice where the apostrophe goes and in what direction.

Can

An urrainn dhomh cluiche?
'S urrainn. 'S urrainn dhut cluiche.
Chan urrainn. Chan urrainn dhut cluiche.

An urrainn dhut siubhal?

....

....

Nach urrainn dhuibh seinn?

....

....

Nach urrainn dhaibh draibheadh ?

....

....

Could

Am b' urrainn dhi draibheadh?
B' urrainn. B' urrainn dhi draibheadh.
Cha b' urrainn. Cha b' urrainn dhi draibheadh.

Am b' urrainn dhomh cluiche?
....
....
Nach b' urrainn dha siubhal?
....
....
Nach b' urrainn dhaibh seinn?
....
....

6. 'Càite and cuine' followed by the verb URRAINN.

Càite ***an*** urrainn dhomh siubhal?
'S urrainn dhut siubhal gu Afraga.

Cuin ***as*** urrainn dhomh siubhal?
'S urrainn dhut siubhal a-nochd.

Càite ***am*** b' urrainn dhut siubhal?
B' urrainn dhomh siubhal gu Afraga.

Cuin ***a*** b' urrainn dhut siubhal?
B' urrainn dhomh siubhal a-nochd.

7. ‘Ciamar’ followed by the verb TO BE in the future tense. Change the Personal Pronoun where needed.

Ciamar a bhios tu a’ siubhal?
Bidh mi a’ siubhal leis a’ chàr.

Ciamar a bhios e a’ siubhal?
.... air plèana.
Ciamar a bhios iad a’ siubhal?
.... air a’ bhus.
Ciamar a bhios sinn a’ siubhal?
.... air baidhseagal.
Ciamar a bhios sibh a’ siubhal?
.... air trèana.

Còmhradh

Patrick’s mother overheard their conversation and asks him about his holiday plans.

Màthair	A Phàdraig! Am bi thu a’ falbh air làithean-saora am bliadhna?
Pàdraig	Seadh. Tha mi an dòchas gum bi làithean-saora agam.
Màthair	Cuin a b’ urrainn dhut siubhal?
Pàdraig	B’ urrainn dhomh siubhal aig àm na Càisge.
Màthair	Agus càite am bi thu a’ siubhal?

Pàdraig	Bidh mi a' siubhal gu Afraga. Cha robh mi ann a-riamh.
Màthair	Afraga! Tha sin fada air falbh! Tha sin ro fhada!
Pàdraig	Chan eil. Na gabh dragh.
Màthair	Ciamar as urrainn dhut siubhal gu Afraga?
Pàdraig	Uill, 's urrainn dhomh siubhal air plèana, trèana, bus, càr no baidhseagal. Bidh mi a' coiseachd air feadh an àite cuideachd.
Màthair	Tha thu coltach ri d' athair. 'S tusa mac dha.
Pàdraig	An urrainn dhuibh siubhal còmhla rium?
Màthair	Chan urrainn! Chan urrainn dhuinn siubhal còmhla riut idir. Na bi gòrach.

Ceistean

1. Dè am facal airson *(What is the word for)* holidays?

....

2. Cuin a tha Pàdraig a' dol air làithean-saora *(When is Pàdraig going on holiday)*?

....

3. Carson a tha e a' dol gu Afraga *(Why is he going to Africa)*?

....

4. Dè tha a mhàthair ag ràdh mu Afraga *(What does his mother say about Africa)*?

....

5. Dè an abairt a tha Pàdraig a' cleachdadh gus innse dhi *(What phrase does Pàdraig use to tell her)* "Don't worry"?

....

6. Ciamar as urrainn dha siubhal ann *(How can he travel there)*?

....

7. Càit a bheil e an dùil coiseachd *(Where does he plan to walk)*?

....

8. Dè an abairt a tha i a' cleachdadh airson a ràdh *(What phrase does she use to say)* "you are a son of his"?

....

9. An urrainn do a phàrantan a dhol còmhla ris gu Afraga *(Can his parents go with him to Africa)*?

....

3. Comparisons - Am Buadhair Coimeasach.

Learning objectives

By the end of the lesson you should be able to:

- use comparative adjectives
- compare people or things
- tell someone what you would like to buy - ask someone what they would like to buy
- tell someone you are going to the shop - ask someone if they are going to the shop

Vocabulary ~ Briathrachas

Gàidhlig	**Beurla**
airgead	money
aran	bread
bainne	milk
beag	small
bùth	shop
càise	cheese
dearg	red
dona	bad
donn	brown

eaglais	church
feum	need
fuar	cold
furasta	easy
hama	ham
iasg	fish
ìm	butter
làidir	strong
leanabh	baby
luath	fast
math	good
òg	young
peasraichean	peas
rud	thing
salach	dirty
seann	old
siùcar	sugar
tomàto	tomato
ugh	egg

Mìneachadh

There are 3 ways you can use comparative adjectives, some will be regular and other irregular in the way they are formed. Apart from slenderising adjectives, the ones starting with f + vowel also lenite.

- cho ..... (adjective) ri	as ... as....
- nas ..... (slenderised adjective) na	more ... then ...

Tha + noun is followed by nas....
'S e + indefinite noun is followed by nas.
Nas is also used without a noun

'S e + name/personal pronoun is followed by as .... instead of nas ...
'S e .... as + gnìomhair.
Becomes **(n)a bu** with past or conditional tense.

- as .... (slenderised adjective)	most ...

Regular

e.g.	dearg	red	***nas*** deirge	more red
			as deirge	most red
	fuar	cold	***nas*** fhuaire	colder
			as fhuaire	coldest
	òg	young	***nas*** òige	younger
			as òige	youngest
	salach	dirty	***nas*** salaiche	dirtier
			as salaiche	dirtiest
	seann	old	***nas*** sine	older
			as sine	oldest
	luath	fast	***nas*** luaithe	faster
			as luaithe	fastest

Irregular

e.g.	math	good	**nas** fheàrr	better
			as fheàrr	best
	beag	small	**nas** lugha	smaller
			as lugha	smallest
	làidir	strong	**nas** treasa	stronger
			as treasa	strongest
	dona	bad	**nas** miosa	worse
			as miosa	worst
	furasta	easy	**nas** fhasa	easier
			as fhasa	easiest

2. Eacarsaich - Lìon na beàrnan.

Tha taigh cho .... ri eaglais. (old)
Tha cat cho .... ri cù. (young)
Tha balach cho .... ri nighean. (dirty)

Tha luch nas ....na ailbhean. (smaller)
Tha cèic nas ....na sailead. (better)
Tha an-diugh nas .... na an-dè. (colder)

'S e balach .... a th' ann. (younger)
'S e bòrd .... a th' ann. (dirtier)
'S e bùth .... a th' ann. (smaller)

Tha sin .... (better)
Tha seo .... (easier)

Bha iad .... (younger)
Bhiodh iad .... (stronger)

'S e Mòrag .... (worse)
'S e sinn .... (older)

'S e càr .... a shiubhail a-riamh. (fastest)
'S e Eilidh .... a tha a' seinn. (best)

3. Ceist 's freagairt. Lìon na beàrnan.

A bheil ugh nas lugha na orainsear?
Tha. Tha ugh nas lugha na orainsear.
Chan eil. Chan eil ugh nas lugha na orainsear.

A bheil esan nas òige na ise?
....
....

Nach eil uaine nas fheàrr na gorm?
....
....

Nach eil sinne nas luaithe na iadsan?

....

....

4. Turn the following sentences into a question.

Tha seo nas fheàrr.

....

Bha i na b' òige.

....

Tha sin nas miosa.

....

Bha e na b' fhasa.

....

Tha iad nas salaiche.

....

Bha sibh na bu shine.

....

5. The verb BU TOIL is followed by the preposition LE. Change the Prepositional Pronoun where needed.

What would ... like to buy?

Dè bu toil leat ceannach? (peas)
Bu toil .... a cheannach.

Dè bu toil leis ceannach? (eggs and ham)
Bu toil .... a cheannach.

Dè bu toil leatha ceannach? (bread and butter)
Bu toil .... a cheannach.

Dè bu toil leibh (group) ceannach? (sugar and milk)
Bu toil .... a cheannach.

Am bu toil leat peasraichean?
Bu toil. Bu toil leam peasraichean.

Cha bu toil. Cha bu toil leam peasraichean.
Am bu toil leis aran donn?
....
....
Am bu toil leotha iasg?
....
....

6. 'Càite' + TO BE.

Tràth làthaireach
Càite a bheil thu a' dol? Tha mi a' dol dhan bhùth.
Tràth caithte
Càite an robh thu a' dol? Bha mi a' dol dhan bhùth.
Tràth teachdail
Càite am bi thu a' dol? Bidh mi a' dol dhan bhùth.

DHAN (to the) lenites the following word.

Còmhradh

Siùsaidh, Patrick's sister, is planning a trip to the town centre. On her way out, she hears her mother shouting.

Màthair	A Shiùsaidh! Am bi thu a' dol dhan bhùth?
Siùsaidh	Bithidh. Am bu toil leat rudeigin?
Màthair	Bu toil. Bu toil leam aran, càise 's ìm a cheannach.
Siùsaidh	A bheil thu ag iarraidh dad eile?
Màthair	Chan eil. Chan eil feum air rudan eile an-dràsta fhèin.
Pàdraig	A mhàthair! Bu toil leam teòclaid cuideachd.
Màthair	Am bu toil leat teòclaid dhonn no gheal?
Pàdraig	Bu toil leam teòclaid gheal, mas e do thoil e.
Siùsaidh	Bidh mi a' ceannach aran, càise, ìm 's teòclaid gheal anns a' bhùth.
Pàdraig	Mòran taing, a Shiùsaidh!
Siùsaidh	'S e do bheatha. A bheil airgead agad?
Màthair	Seo £20.
Siùsaidh	Tapadh leat. Tìoraidh!

Ceistean

1. Càite a bheil Siùsaidh a' dol *(Where is Susy going)*?

....

2. Dè tha a màthair ag iarraidh bhon bhùth *(What does her mother want from the shop)*?

....

3. A bheil i ag iarraidh dad sam bith eile *(Does she want anything else)*?

....

4. Dè tha a bràthair ag iarraidh *(What does her brother want)*?

....

5. Dè an seòrsa teòclaid a tha e ag iarraidh *(What kind of chocolate does he want)*?

....

6. Ciamar a chanas tu *(How do you say)* "You're welcome"?

....

7. Cò bheir airgead dhi *(Who gives her money)*?

....

8. Ciamar a chanas Siùsaidh *(How does Susy say?)* "Goodbye"?

....

4. Cas mu Seach - Word Inversion.

Learning objectives

By the end of the lesson you should be able to:

- use verb inversion
- express a like, dislike, need etc. of doing something
- use LIKE and WOULD LIKE
- ask what someone likes / would like

Vocabulary ~ Briathrachas

Gàidhlig	**Beurla**
a' ceannach	buying
a' dol a-steach	going inside
a' feuchainn	trying
a' lìonadh	filling
a' ruith	running
a' togail	building
actair	actor
ag èirigh	rising
ag èisteachd	listening
ag iarraidh	wanting
ag iasgach	fishing

air fad	altogether
cèic	cake
dealbh	picture
film	film
gèama	game
prìomh-actair	main actor
taigh	house
taigh-dhealbh	cinema
ticead	ticket

Mìneachadh

Appears e.g. after expressions of want, need, like, dislike, preference, able to, etc.

If there is a direct object in the sentence, the direct object will move in front of the verb and the verb will change

* from the verbal noun (e.g. walk / walking, talk / talking, drink / drinking)

* into the infinitive (e.g. to walk, to talk, to drink) which may include the use of the ‘a’ infinitive particle.

With Object in the sentence	**object**	**add**	**lenite the verbal noun**	**verbs starting with**
Tha mi ag iarraidh I want to build **a house**.	taigh	**a**	**th**ogail.	consonants
Bu toil leam I would like to eat **cake**.	cèic	[redacted]	ithe.	vowels
Bu chòir dhomh I ought to get **news**.	naidheachd	[redacted]	f**h**aighinn.	f

Without Object in the sentence	**No 'a' nor lenition of the verbal noun**	
Tha mi ag iarraidh	coiseachd.	I want to walk.
Bu toil leam	òl.	I would like to drink.
'S fheàrr leam	leughadh.	I prefer to read.
Bu chòir dhomh	falbh.	I ought to leave.
'S urrainn dhomh	a thighinn. (exception)	I can come.
Feumaidh mi	a dhol. (exception)	I need to go.

2. Eacarsaich - Lìon na beàrnan.

	Inversion: Verb with an object in front	***Inversion: Verb without an object in front***
a' bruidhinn		
a' feuchainn		
ag iasgach		
a' ruith		
a' toirt		
ag èirigh		
a' lìonadh		

3. Ceist 's freagairt. Lìon na beàrnan. Change the Prepositional Pronoun where needed.

The verb 'S TOIL is followed by the preposition LE.

An toil leat càr a dhraibheadh?
'S toil. 'S toil leam càr a dhraibheadh.
Cha toil. Cha toil leam càr a dhraibheadh.

An toil leis Gàidhlig a bhruidhinn?
....
....

Nach toil leotha taigh a thogail?

....

....

Nach toil leatha gèama a chluiche?

....

....

Am bu toil leat iasgach?
Bu toil. Bu toil leam iasgach.
Cha bu toil. Cha bu toil leam iasgach.

Am bu toil leis ruith?

....

....

Nach bu toil leotha a thighinn?

....

....

Nach bu toil leibh bruidhinn?

....

....

4. Turn the following sentences into a question. Change the Prepositional Pronoun where needed.

'S toil leam film fhaicinn.
An toil leat film fhaicinn?

'S toil leibh an fhìrinn innse.

....

’S toil leis dealbh fhaighinn.

....

’S toil leatha actair a choinneachadh.

....

Cha toil leinn bruidhinn.
Nach toil leibh bruidhinn?

Cha toil leotha ruith.

....

Cha toil leis èirigh.

....

Cha toil leam cluiche.

....

Bu toil leam film fhaicinn.
Am bu toil leat film fhaicinn?

Bu toil leibh an fhìrinn innse.

....

Bu toil leis dealbh fhaighinn.

....

Bu toil leinn actair a choinneachadh.

....

Cha bu toil leatha bruidhinn.
Nach bu toil leatha bruidhinn?

Cha bu toil leotha ruith.

....

Cha bu toil leis èirigh.

....

Cha bu toil leam cluiche.

....

5. 'Dè' followed by the verb TOIL - Lìon na beàrnan. Change the Prepositional Pronoun where needed. Find different items to like / dislike.

Dè 's toil leam?	'S toil leat cèic.
Dè nach toil leam?	Cha toil leat iasg.
Dè 's toil leat?	....
....	....
Dè 's toil leis?	....
....	....
Dè 's toil leatha?	....
....	....
Dè 's toil leibh?	....
....	....
Dè 's toil leotha	....
....	....

Còmhradh

While Susy is in town, she decides to go to the cinema and watch an afternoon movie with her school friends.

Siùsaidh	Am bu toil leat a dhol dhan taigh-dhealbh còmhla rium, a Shìne agus a Bharabal?
Sìne	Bu toil. Tha film ùr ann. 'S e 'Peadar Pan' an t-ainm a th' air.
Barabal	Bu toil agus mise. Bu toil leam am film sin fhaicinn cuideachd.
Sìne	Cò am prìomh-actair? A bheil fhios agad?
Siùsaidh	Chan eil. Bha Robin Williams a' cluiche anns an fhilm 'Hook'.
Barabal	Nach e 'Gerard Butler' a th' ann?
Sìne	Chan e. 'S e 'Hugh Jackman' a tha a' cluiche 'Feusag Dhubh' anns an fhilm seo.
Siùsaidh	'S urrainn dhuinn a dhol a-steach.
Oifis	Am bu toil leibh ticeadan?
Siùsaidh	Bu toil. Bu toil leam trì ticeadan a cheannach, mas e ur toil e.
Oifis	Dè bu toil leibh fhaicinn?
Siùsaidh	Bu toil leinn Peadar Pan fhaicinn.
Oifis	Seo na ticeadan, £15 air fad.

Siùsaidh	Seo dhut.
Oifis	Mòran taing.

Ceistean

1. Dè am film a tha iad a' dol fhaicinn *(What film are they going to see)*?

....

2. Dè an abairt a tha Barabal a' cleachdadh airson 'me too' a chur an cèill *(What phrase does Barabal use to express)*?

....

3. A bheil fios aca cò am prìomh chleasaiche *(Do they know who the main actor is)*?

....

4. Dè an caractar a tha Ùisdean Jackman a' cluiche *(What character is Hugh Jackman playing)*?

....

5. Cia mheud ticead a bu toil leotha a cheannach *(How many tickets would they like to buy)*?

....

6. Ciamar a chanas tu *(How do you say)* "please"?

....

7. Dè na tha na ticeadan a' cosg uile gu lèir *(How much do the tickets cost altogether)*?

....

5. Adverbs - Direction / Location

Learning objectives

By the end of the lesson you should be able to:

- use up and down in both moving/stationary form
- use outside and inside in both moving/stationary form
- use the irregular verb 'to go'
- say if the temperature is going up or down

Vocabulary ~ Briathrachas

Gàidhlig	**Beurla**
a-mach	out (movement)
a-muigh	outside
a-staigh	inside
a-steach	in (movement)
a' tachairt	happening
an-dràsta	now
aodaich	clothes
bean	wife
bùidsear	butcher
caran	somewhat
carson	why

cho	so
cidsin	kitchen
deoch	drink
deoch-làidir	alcohol
frids	fridge
fuaradair	fridge
gach	every
greiseag	little while
ìosal	low
leann	beer
mionaid	minute
pathadh	thirst
ro	too
sabhal	barn
seada	shed
seòmar-ionnlaid	bathroom
sgoil	school
shìos	down
shuas	up
sìos	downward
staidhre	stairs
suas	upward
taigh-beag	toilet

taobh	side
teachdaireachd	message
teothachd	temperature
teth	hot
tràth	early
uisge	water

Mìneachadh

1. Adverb / Co-ghnìomhair : Direction / Location.

There are 2 ways you can use up/down, out/in adverbs of motion, position or direction. Gaelic adverbs like these change depending on whether you are indicating a movement or a stationary position.

Movement		**Stationary**	
suas	upward	shuas	up
sìos	downward	shìos	down
a-steach	inward	a-staigh	inside
a-mach	outward	a-muigh	outside

Note: Sometimes "*a-staigh*" is used to move inside instead of "a-steach"

2. The irregular verb TO GO / A' DOL + up/down

Past Tense

Chaidh mi suas an staidhre.	I went upstairs
Bha mi shuas an staidhre.	I was upstairs.

Now do the same for "down"

....	....
....	....

Present Tense

Tha mi a' dol suas an staidhre.	I am going upstairs.
Tha mi shuas an staidhre.	I am upstairs.

Now do the same for "down"

....	....
....	....

Future Tense

Thèid mi suas an staidhre.	I will go upstairs.
Bidh mi shuas an staidhre.	I will be upstairs.

Now do the same for "down"

....	....
....	....

3. The irregular verb TO GO / A' DOL + out/in

Past Tense

Chaidh mi a-steach.	I went inside.
Bha mi a-staigh.	I was inside.

Now do the same for "out"

....	....
....	....

Present Tense

Tha mi a' dol a-steach.	I am going inside.
Tha mi a-staigh.	I am inside.

Now do the same for "out"

....	....
....	....

Future Tense

Thèid mi a-steach.	I will go inside.
Bidh mi a-staigh.	I will be inside.

Now do the same for "out"

....	....
....	....

4. Ceist 's freagairt. Lìon na beàrnan. Change the Personal Pronoun where needed.

A bheil thu a' dol suas?	Tha. Tha mi a' dol suas. Chan eil. Chan eil mi a' dol suas.

A bheil e a' dol sìos? ....
....

Nach eil iad a' dol suas? ....
....

Nach eil sibh a' dol sìos? ....
....

A bheil thu a' dol a-steach? ....
....

A bheil e a' dol a-mach? ....
....

Nach eil iad a' dol a-steach? ....
....

Nach eil sibh a' dol a-mach? ....
....

5. Turn the following sentences into a question. Change the Personal Pronoun where needed.

Tha mi a-staigh. A bheil thu a-staigh?
Tha i a-muigh. ....
Tha sinn a-staigh. ....

Chan eil iad a-muigh. Nach eil iad a-muigh?
Chan eil sibh a-staigh. ....
Chan eil thu a-muigh. ....

6. dhan + lenition or dhan + t-

Tha mi a' dol a-steach dhan chidsin.
I'm going into the kitchen.

....
He is going into the shop.

....
They are going into the church.

....
You are going into the school.

Tha i a' dol a-steach dhan t-seòmar.
She is going into the room.

....
We are going into the shed

....
You are going into the barn.

7. 'Càite' followed by the verb 'to go'.

Present tense	Càite a bheil + subject?	Càite a bheil thu?
	Tha + subject + place.	Tha mi a-staigh.

Càite a bheil + subject + verbal noun?
Càite a bheil thu a' dol?

Tha + subject + verbal noun + place
Tha mi a' dol a-steach.

Past tense	Càite an robh + subject? Bha + subject + place.	Càite a an robh thu? Bha mi a-staigh.
	Càite an robh + subject + verbal noun? Càite an robh thu a' dol?	
	Bha + subject + verbal noun + place Bha mi a' dol a-steach.	
	Càite an deach thu?	Chaidh mi a-steach.
Future tense	Càite am bi + subject? Bidh + subject + place.	Càite am bi thu? Bidh mi a-staigh.
	Càite am bi + subject + verbal noun? Càite am bi thu a' dol?	
	Bidh + subject + verbal noun + place Bidh mi a' dol a-steach.	
	Càite an tèid thu?	Thèid mi a-steach.

8. The verb TO GO : translate.

We are going.	....	
Did they go?	....	
	Yes.	....
	No.	....
Will she go?	....	
	Yes.	....
	No.	....

Còmhradh

Alasdair is helping his neighbour David with some chores on the croft and is invited into the house for a drink.

Daibhidh	Tha e cho teth taobh a-muigh. Tha an teothachd a' dol suas gach latha. Carson nach tèid thu a-steach airson greiseag.
Alasdair	Tha mi a' dol a-steach an-dràsta fhèin. Bidh e beagan nas fhuaire anns a' chidsin.
Daibhidh	Tha mo bhean a-staigh. Ma tha pathadh ort, leig fios dhi.
Alasdair	Tha pathadh mòr orm. An tèid thu còmhla rium?
Daibhidh	Thèid. Feumaidh mi m' aodaich atharrachadh.
Alasdair	Tha mi an dòchas gum bi an teothachd a' dol sìos taobh a-staigh. Tha e fada ro theth dhomhsa fhathast. Càite a bheil an seòmar-ionnlaid?

Daibhidh	Tha e shuas an staidhre, air do làimh chlì.
Alasdair	Taing! Tha mi a' dol suas an staidhre. Tha feum agam air an taigh-beag.
Daibhidh	Dèan cinnteach nach bi thu a' tuiteam sìos an staidhre. Tha i caran cas.
Alasdair	Ma tha sin a' tachairt, bidh mi a' faighinn deoch shìos an staidhre nas luaithe.
Daibhidh	A-nis, càite a bheil mo bhean? Ah, tha teachdaireachd ann. Chaidh i dhan bhùidsear. Sin am frids, Alasdair. 'S urrainn dhut leann agus uisge a lorg anns an fhuaradair.
Alasdair	'S fheàrr leam-sa uisge. Tha e ro thràth son deoch-làidir òl.
Daibhidh	Tha mi a' dol suas an staidhre a-nis. Bidh mi air ais anns a' mhionaid.
Alasdair	Math fhèin. Bidh sinn a' dol a-mach a-rithist às dèidh sin.
Daibhidh	Tha mi an dòchas gum bi an teothachd beagan nas ìsle.

Ceistean

1. Dè tha a' tachairt a-muigh *(What is happening outside)*?

....

2. Dè tha Daibhidh a' moladh do Alasdair *(What does David suggest to Alasdair)*?

....

3. Dè tha cho math mun chidsin *(What is so good about the kitchen)*?

....

4. Cò tha a-staigh *(Who is inside)*?

....

5. A bheil pathadh air Alasdair *(Is Alasdair thirsty)*?

....

6. A bheil Daibhidh a' dol a-steach còmhla ris *(Is David going inside with him)*?

....

7. Carson a tha Daibhidh a' dol a-steach *(Why is David going inside)*?

....

8. Dè 'n dòchas a th' aig Alasdair *(What does Alasdair hope for)*?

....

9. Dè tha Alasdair a' sireadh *(What is Alasdair looking for)*?

....

10. Càite a bheil e *(Where is it)*?

....

11. Dè dh'fheumas Alasdair *(What does Alasdair need)*?

....

12. Dè an rabhadh a thug Daibhidh do Alasdair *(What warning did David give to Alasdair)*?

....

13. Carson a dh'fhaodadh sin tachairt *(Why could that happen)*?

....

14. Dè bhiodh math nan tachradh sin *(What would be good if that happened)*?

....

15. A bheil bean Dhaibhidh an-sin *(Is David's wife there)*?

....

16. Dè dh'fhàg i *(What did she leave)*?

....

17. Càit an deach i *(Where did she go)*?

....

18. Dè na deochan a tha anns an fhuaradair *(What drinks are in the fridge)*?

....

19. Carson as fheàrr le Alasdair uisge? *(Why does Alasdair prefer water)*?

....

20. Càite a bheil Daibhidh a' dol *(Where is David going)*?

....

21. Dè a nì iad às deidh sin *(What will they do thereafter)*?

....

22. Dè tha iad an dòchas (What are they hoping for)?

....

6. Verbal Noun

Learning objectives

By the end of the lesson you should be able to:

- make a sentence with the verb to be + verbal noun
- identify the root of the verb in a dictionary
- form the verbal noun using guidance in a dictionary
- identify the verbal noun in a sentence

Vocabulary ~ Briathrachas

Gàidhlig	Beurla
a-màireach	tomorrow
a-nis	now
a-rithist	again
a' breith	catching
a' bruidhinn	speaking
a' cadal	sleeping
a' cleachdadh	using
a' cluinntinn	hearing
a' coiseachd	walking
a' cur	putting
a' dannsadh	dancing

a' dèanamh	doing
a' dìochuimhneachadh	forgetting
a' dìreadh	climb
a' fuireach	living, staying
a' gearran	complaining
a' leumadh	jumping
a' lomadh	shaving
a' nochdadh	appearing
a' peantadh	painting
a' ruigsinn	arriving, reaching
a' seachdnachadh	avoiding
a' tarraing	drawing
a' tilleadh	returning
a' tòiseachadh	beginning
ag aontachadh ri	agreeing with
ag òl	drinking
ag ràdh	saying
an-diugh	today
aonar	alone
àrd	high, tall
balach	boy
bàta-iasgaich	fishing boat
beachd	idea

beinn	mountain
brìgh	point, matter
bucaid	bucket
còisir	choir
dìnnear	dinner
dragh	worry
dùil	expectation
einnsean	engine
faisg air	close to
falaich	hide
feadhainn	some
feuch	try
fodha	under
fuin	bake
grian	sun
gu leòr	enough
inneal	machine
innis	tell
ionadail	local
leumadair-mara	dolphin
liath	grey
mìos	month
obair	work

òran	song
peatral	petrol
rèidio	radio
rìochdaich	represent
sam bith	at all
slat-iasgaich	fishing rod
thall ansin	over there
tonn	wave

Mìneachadh

1. The Progressive Verbal Noun: Ainmear Gnìomhaireach (Verbal Noun) + BI (verb To Be)

The VERBAL NOUN on its own, does not show whether the action/ process is taking place in the past, present or future, hence it needs to be accompanied by the verb TO BE.

It can also be used as a (masculine/feminine) noun whith the definite article "the" in front.

The Gaelic verbal nouns differ in ending, unlike the English ones (-ing form e.g. dancing, singing).

Some are

- identical to the root of the verb.
- completely different from the root of the verb.
- similar to the root of the verb, but with an added ending.
- having multiple verbal noun forms.

How to make a sentence with the progressive verbal noun:

a) Use the verb TO BE

b) Add **a'** before a verbal noun starting with a consonant.
Add **ag** before a verbal noun starting with a vowel.
(Note: be aware of exceptions)

The difference between the English Simple Tense and Progressive Tense:

Simple Tense:	refers to a single act I think.
Progressive Tense:	refers to an act over a period of time. I am thinking.

In Gaelic we use the progressive tense as simple tense as well, unlike English.

2. Eacarsaich - Lìon na beàrnan: a' or ag?

.... iarraidh	.... òl
.... peantadh	.... coiseachd
.... bruidhinn	.... èirigh
.... ithe	.... siubhal

.... tarraing .... nochdadh

3. Root versus Verbal Noun. (Cleachd am faclair)

Note the abbreviations used in dictionaries: **gn.** gnìomhair/verb, **ag.** ainmear gnìomhaireach/verbal noun)
ag. shows you how to form the verbal noun.

Beurla English	**Freumh Root**	**a' / ag**	**Ainmear Gnìomhaireach Verbal Noun**
bake			
represent			
put			
tell			
work			
try			
hide			

4. Underline the verbal noun and translate the following sentences.

Chan eil mi cinnteach ma tha e ag iarraidh deoch.

....

Tha sinn a' fuineadh aran geal 's cèic an-diugh.

....

An robh iad ag ràdh gur e beachd math a bh' ann?

....

Nach robh thu a' dìreadh beanntan àrda an-uiridh?

....

Bidh mi a' tighinn nas anmoiche.

....

Cha bhi e a' cagar rùinean idir.

....

5. Turn the sentences into a positive and negative question. Change the personal pronoun where needed.

Chan eil iad cinnteach ma tha e ag iarraidh deoch.

....

....

Tha mi a' fuineadh aran geal 's cèic an-diugh.

....

....

Bha e ag ràdh gur e beachd math a bh' ann.

....

....

Cha robh sinn a' dìreadh beanntan àrda an-uiridh.

....

....

Bidh mi a' fuireach thall ansin fad mìosan.

....

....

Cha bhi sibh ag aontachadh ri sin.

....

....

6. Put the words in the right order to form a sentence and translate.

bi no nach sibh dhà seinn a' òran ?

....

....

anns ag mi ris tha èisteachd mhadainn naidheachdan a' na .

....

....

an e taigh robh coin a' an seachdnachadh le ?

....

....

balaich as tha a' na gach lomadh sine latha .

....

....

falt am do bi faighinn a' liath mhàthair coineanaich le ?

....

....

7. What are the verbal nouns for the 10 Gaelic Irregular Verbs:

Beurla	**Verbal Noun**
getting	
doing	
saying	
giving	
catching	
coming	
seeing	
going	
reaching, arriving	

Beurla	**Verbal Noun**
hearing	

Còmhradh

David and Alasdair decide to drive to the harbour to check their boat and do some fishing.

Daibhidh	Bidh mi a' toirt sùil air an einnsean, Alasdair.
Alasdair	Tha peatral gu leòr ann fhathast airson turas beag. Bha mi a' dìochuimhneachadh barrachd a cheannach a-rithist.
Daibhidh	Bidh mi a' faighinn peatral a-màireach ma-thà. Na gabh dragh.
Alasdair	A bheil a h-uile rud ag obair ceart gu leòr?
Daibhidh	Tha. Tha na h-innealan ag obair mar a bha mi an dùil.
Alasdair	'S e bàta-iasgaich òg a th' ann. Chan eil dad ceàrr leis.
Daibhidh	Chan eil. Chan eil brìgh sam bith a bhith a' gearan.
Alasdair	Càite am bi thu a' cur na slatan-iasgaich?
Daibhidh	Anseo, faisg air a' bhucaid.
Alasdair	Math fhèin! Seall! Tha mi a' faicinn leumadairean-mara ansin.

Daibhidh	Tha feadhainn mhòra ann. Tha iad a' leumadh gu math àrd. Nach eil iad snog?
Alasdair	Obh, tha! Tha iad a' dannsadh air na tuinn.
Daibhidh	Bidh mi a' tòiseachadh le iasgach a-nis. 'S toil leam iasgach gu mòr.
Alasdair	'S toil agus mise. Bidh a' ghrian a' dol fodha ann an ùine nach bi fada.
Daibhidh	Bidh sinn a' tilleadh dhachaigh ann an uair no dhà.

Ceistean

1. Dè bhios Daibhidh a' sgrùdadh *(What will David be checking)*?

....

2. Dè dhìochuimhnich Alasdair *(What did Alasdair forget)*?

....

3. Cuin a bhios Daibhidh a' faighinn peatrail *(When will David get petrol)*?

....

4. Ciamar a chanas Daibhidh *(How does David say)* "Don't worry"?

....

5. Dè an seòrsa bàta a th' ann *(What kind of boat is it)*?

....

6. A bheil a h-uile càil ceart gu leòr leis a' bhàta *(Is everything ok with the boat)*?

....

7. Dè tha iad a' giùlan leotha *(What are they carrying with them)*?

....

8. Càite an cuir Alasdair iad *(Where does Alasdair put them)*?

....

9. Dè tha iad a' faicinn *(What do they see)*?

....

10. Dè tha na h-iasgairean dèidheil air a bhith a' dèanamh *(What do the fishermen love doing)*?

....

11. Dè an uair den latha a th' ann *(What time of the day is it)*?

....

12. Cuin a thilleas iad dhachaigh *(When will they return home)*?

....

7. Visible Lenition at the Start of a Word

Learning objectives

By the end of the lesson you should be able to:

- apply lenition to nouns
- apply lenition to names in the vocative case
- apply lenition to adjectives
- apply lenition to verbs

Vocabulary ~ Briathrachas

Gàidhlig	**Beurla**
a' comhartaich	barking
a' creidsinn	believing
a' cùmail	keeping
a' daibheadh	diving
a' gluasad	moving
a' marbhadh	killing
a' pàigheadh	paying
a' seasamh	standing
a' seòladh	sailing
anmoch	late
baile	town

beathaichean	animals
bliadhna	year
bogsa	box
cànan	language
cèile	spouse
clach	stone
cluas	ear
cogadh	war
cothrom	opportunity
cunnartach	dangerous
daor	expensive
deireadh	end
doras	door
drochaid	bridge
duine	man
facal	word
faiceallach	careful
feòil	meat
galar	disease
gaoth	wind
gàrradh	garden
gealach	moon
glic	wise

greim	grip
mearachd	mistake
ministear	minister
peanas	punishment
rùn-dìomhair	secret
sàbhailteachd	safety
sàmhach	quiet
slàinte	health
solas	light
stoirm	storm
taic	help
talamh	ground
teanga	tongue
tìr	land
tubaist	accident

Mìneachadh

1. Visible Lenition at the Start of a Word - Sèimheachadh.

The softening of the initial consonant is done by adding an "h" after the first consonant. Not all consonants lenite: l, n, r, sg, sm, sp, st and neither do vowels a, o, u, i , e. Words starting with d or t which are preceeded by a word ending in -n, don't lenite either.

* L, n, r lenition is not visible however there is a difference in pronunciation.

* Instances which cause lenition at the start of a word:

After the possessive articles mo, do and a (his)

mo	chànan	my language
do	bhogsa	your box
a	pheanas	his punishment

(a piuthar, her sister: a does not lenite)

Eacarsaich 1

mo	....	(my town)
mo	....	(my baby)
do	....	(your garden)
do	....	(your news)
a	....	(his trousers)
a	....	(his story)

The adjective following a feminine noun

stoirm	mhòr	a big storm

Eacarsaich 2

clach .... (small)

sgoil .... (great, cool)
feòil .... (white)
antaidh .... (kind, gentle)
drochaid .... (long)
lèine .... (striped)

Names in the vocative case

Dòmhnall a Dhòmhnaill Donald

Eacarsaich 3

Seòras ....
Eilidh ....
Beathag ....
Lachaidh ....
Seumas ....
Raonaid ....

To form the past tense of a regular verb

chuir put

Eacarsaich 4

draibh .... (drove)
ruith .... (ran)
marbh .... (killed)
sgaoil .... (spread)

cùm	....	(kept)
sreap	....	(climb)

Feminine noun preceeded by the definite article "the"

a'	mhàthair	the mother

Eacarsaich 5

a'	....	(moon)
a'	....	(year)
a'	....	(ear)
a'	....	(cake)
a'	....	(leg)
a'	....	(finger)

After adjectives corra, deagh, droch, prìomh, seann

deagh	chliù	good reputation

Eacarsaich 6

corra	....	(word)
corra	....	(hour)
deagh	....	(idea)
deagh	....	(time)
droch	....	(fortune)
droch	....	(news)
prìomh	....	(minister)
prìomh	....	(road)

seann	....	(bachelor)
seann	....	(train)

After modifiers glè, fìor, ro, sàr

glè	mhath	very good

Eacarsaich 7

glè	....	(expensive)
glè	....	(fast)
fìor	....	(smart)
fìor	....	(parent)
ro	....	(quiet)
ro	....	(high)
sàr	....	(opportunity)
sàr	....	(actor)

After numeral aon, dà, a' chiad

dà	chù	2 dog(s)

Eacarsaich 8

aon	....	(disease)
aon	....	(house)
dà	....	(year)
dà	....	(things)
a' chiad	....	(war)
a' chiad	....	(storm)

After BU

bu	chòir dhomh	I ought to

<u>Eacarsaich 9</u>

Bu	....	leam	(caomh - like)
Bu	....	leam	(math - like)
Am bu	....	....	falbh?
		(you ought to)	
Nach bu	....	....	a thighinn?
		(they ought to)	

After prepositions bho, de, do, fo, gun, mar, mu, ro, tro

ro	shàmhach	too quiet

<u>Eacarsaich 10</u>

bho	....	(offshore)
de	....	(land)
do	....	(town)
fo	....	(table)
gun	....	(mistake)
mar	....	(wind)
mu	....	(last)
ro	....	(easy)
tro	....	(door)

After negative particle CHA

Cha	sheas e.	He doesn't stand up.

Eacarsaich 11

Cha	....	sin.	(I don't believe that.)
Cha	....	sin.	(He doesn't pay that.)
Cha	....	ann.	(She won't be there.)
Cha	....	seo.	(I don't climb this.)
Cha	....	an-seo.	(I don't run here.)
Cha	....	seo.	(I don't fill this.)

Còmhradh

Aladair and David are heading out to the Minch and spot a few bigger cargo ships in the distance. They entertain each other with stories about someone who went out on a small boat and ran into trouble.

Daibhidh — Alasdair, a bheil thu eòlach air Amanda a tha a' fuireach faisg air an drochaid?

Alasdair — Tha. Tha dà chù aice agus tha i pòsta ri Niall.

Daibhidh — Bha droch-fhortan aice an-uiridh. Bha i anns a' bhàta bheag faisg air an eilean ach stad an t-einnsean. Cha robh siognail-fòn ann agus bha aice ri snàmh dhan eilean gus taic fhaighinn.

Alasdair — Dè mu dheidhinn an turas mu dheireadh? Bha i ro thrang èisteachd ri ceòl agus gèamaichean a chluiche air an fhòn. Cha robh sin ro ghlic. Bha a cèile a' daibheadh agus chan fhaca ise gun do ghluais

	am bàta air falbh. Bha i glè fhortanach gun do chomhartaich na coin.
Daibhidh	Cha robh a cèile glè thoilichte le sin idir.
Alasdair	Cha bhi i a' dol a-mach leis a' bhàta a-rithist. Tha e ro chunnartach.
Daibhidh	'S e sàr-bheachd a th' ann. Aon turas, dà thuras,... cha bhi i an-còmhnaidh fortanach.
Alasdair	Cha bhi. Chan urrainn dhuinn a bhith ro fhaiceallach fad's a tha sinn air a' bhàta.
Daibhidh	Tha fìor-chunnartan ann air a' mhuir.
Alasdair	Obh, tha! Stoirmean, tuinn mòra, fuarachadh, bàtaichean eile, beathaichean, dè eile?
Daibhidh	Tha cuimhne agam air tubaistean. Tha feum air deagh shlàinte 's sàbhailteachd.
Alasdair	Tha tòrr sgeulachdan agamsa. Gu mì-fhortanach, bhàsaich iasgairean cuideachd.
Daibhidh	Tha e anmoch. Bu chòir dhuinn seòladh dhachaigh.
Alasdair	Bu chòir. Tha e nas sàbhailte siubhal fad's a tha solas ann.
Daibhidh	Gabh greim air a' chuibhle-stiùiridh! Thèid sinn dhachaigh.

Ceistean

1. Càite a bheil Amanda a' fuireach *(Where does Amanda live)*?

....

2. A bheil peataichean aice (*Does she have pets)*?

....

3. Càite an do stad einnsean a' bhàta aice *(Where did her boat engine stop working)*?

....

4. Dè nach robh aice *(What did she not have)*?

....

5. Dè rinn i gus cuideachadh fhaighinn *(What did she do to get help)*?

....

6. Dè bha i a' dèanamh leis an fhòn aice. *(What was she doing with her phone)*?

....

7. Dè bha an duine aice a' dèanamh *(What was her husband doing)*?

....

8. Dè thachair don bhàta *(What happened to the boat)*?

....

9. Cuin a mhothaich i gun do ghluais am bàta air falbh *(When did she notice the boat was drifting away)*?

....

10. Carson nach eil i a' dol a-mach leis a' bhàta a-rithist *(Why is she not going out with the boat again)*?

....

11. Ciamar a chanas tu *(How do you say) "it is a great idea"*?

....

12. Dè an seòrsa cunnartan a th' ann air a' mhuir *(What kind of dangers are there on the sea)*?

....

13. Dè tha feum air aig na h-iasgairean air a' bhàta *(What do the fishermen need on the boat)*?

....

14. Dè thachair do chuid de iasgairean *(What happened to some fishermen)*?

....

15. Carson a rinn iad co-dhùnadh seòladh air ais *(Why do they decide to sail back)*?

....

16. Dè tha Alasdair a' glacadh *(What does Alasdair grab)*?

....

17. Càit a bheil iad a' dol *(Where are they heading)*?

....

8. Adjectives after Singular Nouns in the Nominative Case

Learning objectives

By the end of the lesson you should be able to:

- identify the gender of a noun
- use the lenited form of an adjective after a feminine singular noun
- identify letters that don't lenite
- use the correct word order for noun and adjective

Vocabulary ~ Briathrachas

Gàidhlig	**Beurla**
a' blàthachadh	warming
boireanta	feminine
botal-teth	hot-water bottle
caora	sheep
cas	steep
cruinn	round
falamh	empty
fireanta	masculine
fliuch	wet
gaoth	wind

geur	bitter
gòrach	silly
leabaidh	bed
prèasant	present
seòmar-cadail	bedroom
tàidh	tie

Mìneachadh

1. Buadhairean/Adjectives after singular nouns in the Nominative Case.

In Gaelic, a noun has a gender like in many other languages. It is either masculine or feminine. There is no neutral form and 'it' is always allocated a gender.

* The gender of a noun determines what adjective form you have to use after the noun.

When using a dictionary, always check the abbreviations section to find out what is used to indicate a masculine or feminine noun. Here are both English and Gaelic abbreviations.

	English Abbreviation		Gaelic Abbreviation
Feminine	f.	**B**oireanta	b.
Masculine	m.	**F**ireanta	f.

* The gender of a noun will determine if the adjective after it is lenited.
Nominative case: without preposition and with indefinite article “a” or definite article “the” in front.

masculine noun the adjective does not change a brown dog	cù	donn
Feminine noun the adjective is lenited a brown kitten	piseag	d**h**onn

letters which don’t lenite: l, n, r, sg, sm, sp, st, vowels

* The adjective is placed after the noun.

* The plural of a noun also determine the form of the adjective. In this lesson we only cover singular nouns.

2. Eacarsaich - Lìon na beàrnan.

Gnè ***Gender***	***Ainmear*** ***Noun***	***Buadhair*** ***Adjective***	***Translate***
	òrdag		big
	cidsin		small
	slàinte		good
	mìos		short
	bliadhna		new
	doras		low

	gealach	white
	làmh	warm
	greim	strong
	baile	far

3. Ceist 's freagairt. Pay attention to word order of Noun + Adjective.

Am bu toil leat càr ùr?
Bu toil. Bu toil leam càr ùr.
Cha bu toil. Cha bu toil leam càr ùr.

Am bu toil leat dìnnear mhòr?

....

....

Nach bu toil leat banana buidhe?

....

....

Nach bu toil leat aran donn?

....

....

Am bu toil leotha prèasant daor?
Bu toil. Bu toil leotha prèasant daor.
Cha bu toil. Cha bu toil leam prèasant daor.

Am bu toil leis coineanach liath?

....

....

Nach bu toil leatha falt bàn?

....

....

Nach bu toil leibh ticead saor?

....

....

4. Turn the following sentences into a question. Change the Prepositional Pronoun where required.

Tha càr gorm agam.	A bheil càr gorm agad?
Tha bucaid fhalamh agam.	....
Tha dìnnear bhlasta agam.	....
Tha clach throm agam.	....

Chan eil teanga gheur aice .	Nach eil teanga gheur aice?
Chan eil peata snog aige.	....
Chan eil teaghlach mòr aca.	....
Chan eil seada cruinn againn.	....

5. Dè a th' ann? - Lìon na beàrnan. Pay attention to the spacing between words.

a green sock	'S e stocainn uaine a th' ann.
a red bridge	....
a beautiful language	....
a warm sun	....
a nice man	....
a strong wind	....
a steep hill	....
a wild dog	....
a bad accident	....
a sore head	....
a fast bus	....

Còmhradh

It is much colder in the evenings and the men are looking forward to changing the dirty, wet clothes they have on.

Alasdair	Obh, obh. 'S e oidhche fhuar a th' ann.
Daibhidh	Tha geansaidh fliuch orm. Bidh mi a' dol a-steach airson fear eile fhaighinn.
Alasdair	'S e beachd math a th' ann. An urrainn dhut lèine bhlàth a thoirt thugam cuideachd?

Daibhidh	'S urrainn. Fuirich mionaid bheag.
Alasdair	Bidh mise a' faighinn rud airson mo chasan a bhlàthachadh. Càite a bheil am botal-teth a Dhàibhidh?
Daibhidh	Tha e anns an t-seòmar-cadail air an leabaidh.
Alasdair	Taing! Bidh mi a' cur uisge teth anns a' bhotal.
Daibhidh	An do lorg thu e?
Alasdair	Lorg! 'S toil leam an geansaidh dearg a th' agad agus tàidh purpaidh le caoraich air.
Daibhidh	'S preàsant beag a th' ann bho Anna. 'S beag orm an tàidh purpaidh.
Alasdair	Na bi gòrach. Tha e uabhasach snog.
Daibhidh	'S urrainn dhut an tàidh a chumail, Alasdair!
Alasdair	Mòran taing a Dhàibhidh.
Daibhidh	Taing dhut-sa!

Ceistean

1. Dè an seòrsa oidhche a th' ann *(What kind of night is it)*?

....

2. Carson a tha Daibhidh a' faighinn geansaidh eile *(Why is David getting another jumper)*?

....

3. Ciamar a tha Alasdair ag ràdh *(How does Alasdair say)* "It is a good idea"?

....

4. Dè tha Alasdair ag iarraidh air Daibhidh a thoirt dha *(What does Alasdair want David to give him)*?

....

5. Dè tha Alasdair airson a dhèanamh le a chasan *(What does Alasdair want to do with his feet)*?

....

6. Càite a bheil am botal-teth *(Where is the hot-water bottle)*?

....

7. An do lorg Alasdair e *(Did Alasdair find it)*?

....

8. Dè eile a chunnaic e san t-seòmar-cadail *(What else did he see in the bedroom)*?

....

9. An toil le Daibhidh an tàidh *(Does David like the tie)*?

....

10. Dè tha Daibhidh ag innse do Alastair *(What does David tell Alastair)*?

....

9. Future Tense of Single Syllable Verbs

Learning objectives

By the end of the lesson you should be able to:

- use the positive future tense of single syllable regular verbs
- use the negative future tense of single syllable regular verbs
- use slender and broad vowels correctly

Vocabulary ~ Briathrachas

Gàidhlig	**Beurla**
a' dùsgadh	waking up
a' fàgail	leaving
a' pòsadh	marrying
a' sìreadh	looking for
a' smaoineachadh	thinking
aire	attention
amaideas	foolishness
boireannach	woman
cala	harbour
clò-sgrìobhadh	typing
còmhla	together with

crìoch	end
daoine	people
dhachaigh	home
fìon	wine
fosgailte	open
Gàidhealach	Highland
garaids	garage
gobaireachd	gossip
gràidh	dear
guth	voice
liosta	list
maorach	shellfish
marag-dhubh	blackpudding
pìosail	attractive
pòla-lampa	lamp pole
port	tune
sanas	advert
soirbheachail	useful
stèisean	station
timcheall	around
turas	trip

Mìneachadh

1. The positive Future Tense (Tràth Teachdail) of single syllable regular verbs.

To form the positive future tense of a single syllable regular verb, hereby expressing an intention with WILL, you have to use the root (also called stem) of the verb and add on -idh/-aidh, depending on what vowel is present before the last consonant of the root. (this is for statements, not questions)

If the verb has a broad vowel a, o, u in front of the final consant(s), you need to add -AIDH to the root.

If the verb has a slender vowel i or e in front of the final consonant(s), you need to add -IDH to the root.

To form the negative future tense of a single syllable regular verb, hereby expressing an intention with WILL NOT (this is for statements, not questions), you have to use :

CHA followed by the lenited root of the verb if it starts with a consonant (except d, t, f).
CHAN followed by the root of the verb if is starts with a vowel.
CHAN followed by the lenited verb starting with an 'f'.

Note: CHA lenites following words in other tenses too, with the exception of the letters d and t.

The future tense of verbs can be used as what we consider in English to be the present tense, to indicate e.g. a general truth, someone may or must, the ability to do something or after question words.

The future tense can also be used to indicate a habit or regular activity.

2. Eacarsaich - Lìon na beàrnan.

What is the positive future tense in a statement?

cuir		nochd	
ith		till	
seinn		seòl	
fàg		pàigh	
leum		òl	

What is the negative future tense in a statement?

falbh		lìon	
ruith		dùisg	
tog		feuch	
gluais		seas	
peant		tuit	

3. Ceist 's freagairt. Lìon na beàrnan. Change the personal pronouns where needed.

An cuir thu càr anns a' gharaids?
Cuiridh. Cuiridh mi càr anns a' gharaids.
Cha chuir. Cha chuir mi càr anns a' gharaids.

An tog thu taigh?

....

....

Nach ruith iad air falbh?

....

....

Nach gluais thu a-rithist?

....

....

An ith sibh marag-dhubh?

....

....

Nach òl sinn fìon?

....

....

Am falbh mi a-màireach?

....

....

Nach feuch tu sin?

....

....

4. Turn the following sentences into a question. Use the root of the verb (unlenited) and change the personal pronoun where required.

Seòlaidh mi dhachaigh. An seòl thu dhachaigh?

Pàighidh sinn an turas seo.

....

Fàgaidh iad an doras fosgailte.

....

Peantaidh i dealbh beag.

....

Cha shein e puirt idir. Nach seinn e puirt idir?

Cha sheas mi.

....

Cha ghluais sibh bhon taigh.

....

Chan òl e leann a-riamh.

....

5. Put the words in the correct order to form a sentence. Translate the sentence afterwards.

a- leam an mi fàgaidh stèisean mòr nochd fhèin .

....

....

i dannsaidh oidhche ris h- fad còmhla na .

....

....

airgead a sibh feuchaidh ath-thogail an mhìos .

....

....

chala aig mi tric ionadail a' maorach ithidh gu .

....

....

6. Tha mearachdan ann. Cuir ceart iad. There are mistakes. Correct them.

cleachdidh ....

cùmidh ....

fàgidh ....

seòlidh ....

seinnaidh ....

dannsidh ....

Cha hòl ....

Cha fheuch ....

Cha seas ....

Cha thuit ....

Cha ith ....

Chan fàg ....

Còmhradh

Iseabail is leaving the house to start her new job as career adviser. Her husband, Pàdraig, is teasing her.

Iseabail	Tha sgàth orm. Coisichidh mi dhan oifis an-diugh. Feumaidh mi smaoineachadh mu dhaoine a tha ag iarraidh taic dreuchd ùr a lorg.
Pàdraig	Thoir aire nach buail thu pòla-lampa!
Iseabail	Sguir sin! Chan eil tìde agam son amaideas an-diugh.
Pàdraig	Dè mu dheidhinn Èilidh? Nach bi ise a' sìreadh obair ùr? 'S e tè snog a th' innte... agus Mairead? Feumaidh i obair ùr cuideachd ma tha am bùth a' dùnadh aig crìoch a' mhìos....agus Seonag, ... agus Sìne, ... agus ......
Iseabail	Taing ach cuiridh mi liosta air dòigh mi fhèin. Chan eil seo airson boireannaich a-mhàin!
Pàdraig	A bheil sùilean uaine agad? Tha Mairead cho math air clò-sgrìobhadh. Tha Sìne uabhasach math air seinn agus tha teaghlach mòr aice. Obh, agus Èilidh, tha guth pìosail aig Èilidh. Chan eil ise pòsta.
Iseabail	Tha mi eòlach orra co-dhiù. Feuchaidh mi feadhainn eile a lorg nach eil mi eòlach air.
Pàdraig	Càite an lorg thu iad? An leugh thu sanasan anns na pàipearan-naidheachd?

Iseabail	Ìst, a ghràidh! Cleachdaidh mi coimpiutair airson sin.
Pàdraig	Uill, ma tha thu ag iarraidh barrachd fios mu Èilidh, Sìne, Mairead no feadhainn eile, leig fios dhomh. Tha sgeulachd no dhà agam mu na h-obraichean a rinn iad. Nuair a bha mi na b' òige, thuirt Èilidh gun ....
Iseabail	Sguir do ghobaireachd! Chan eil sin feumail dhomh idir.
Pàdraig	Sguiridh! Tha mi an dòchas gum bi latha soirbheachail agad, a ghràidh.
Iseabail	Mòran taing, a ghràidh.

Ceistean

1. Dè an abairt a tha Iseabail a' cleachdadh airson a ràdh *(What expression does Iseabail use to say)* "I'm nervous"?

....

2. Carson a tha i a' coiseachd dhan oifis *(Why is she walking to the office)*?

....

3. Dè 'n rabhadh a thug Pàdraig dhi *(What warning did Pàdraig give her)*?

....

4. Dè nach eil ùine aig Iseabail airson *(What does Iseabail not have time for)*?

....

5. Carson a tha Mairead a' coimhead airson obair *(Why is Mairead looking for work)*?

....

6. An obraich Iseabail le boireannaich a-mhàin *(Will Iseabail only work with women)*?

....

7. Dè tha Pàdraig a' cur às a leth *(What does Pàdraig accuse her of)*?

....

8. A bheil Iseabail eòlach air na boireannaich air an tug Pàdraig iomradh *(Does Iseabail know the women whom Pàdraig mentioned)*?

....

9. Ciamar a lorgas i daoine airson a bhith ag obair còmhla ri *(How will she find people to work with)*?

....

10. Dè tha i ag iarraidh air a dhèanamh *(What is she asking him to do)*?

....

10. Preposition RI followed by Personal Pronouns

Learning objectives

By the end of the lesson you should be able to:

- use the prepositional pronouns formed by RI + Personal Pronouns
- use the verb A' BRUIDHINN in the past, present and future tense.
- use A' BRUIDHINN RI with a name

Vocabulary ~ Briathrachas

Gàidhlig	Beurla
a' còrdadh	enjoying
a' fàgail	leaving
a' freagairt	answering
a' fuireach	living, staying
a' peantadh	painting
bala	wall
cairt-gnìomhachais	business card
cinnteach	sure, certain
coltach ri	like
cuideigin	someone
cùis	affair, matter

dealbhair	painter
dlùth	close
dreuchd	career, job
obair	work
obair-ealain	artwork
trang	busy

Mìneachadh

1. Prepositional Pronoun / Ro-Riochdair : Preposition RI + Personal Pronoun.

The preposition RI can be used to indicate someone is speaking / listening to, to compare, what you are up to, to express you are against something or agree with someone/something.

It can be found in prepositional phrases e.g. còmhla ri, coltach ri.

RI becomes RIS before the article THE and sometimes before GACH.

RI	Personal Pronoun	Prepositional Pronoun	
ri	mi	**RIUM**	with/to me
ri	thu	**RIUT**	with/to you (sg)
ri	e	**RIS**	with/to him
ri	i	**RITHE**	with/to her
ri	sinn	**RINN**	with/to us
ri	sibh	**RIBH**	with/to you (pl)
ri	iad	**RIUTHA**	with/to them

2. The verb A' BRUIDHINN is always accompanied by the preposition RI.

Past Tense

An do bhruidhinn ... ri ....?
Nach do bhruidhinn ... ri ...?

Bhruidhinn. (yes)	Cha do bhruidhinn. (no)
Bhruidhinn ... ri	Cha do bhruidhinn ... ri ...

Present Tense TO BE + a' bruidhinn ri ...

Future Tense

Am bruidhinn ... ri ....?
Nach bruidhinn ... ri ...?

Bruidhnidh. (yes)	Cha bhruidhinn. (no)
Bruidhnidh ... ri ...	Cha bhruidhinn ... ri ...

3. Freagair na ceistean. - Answer the questions. Change the personal pronoun where required.

Present Tense	A bheil thu a' bruidhinn ris?
	.... (yes)
	Nach eil iad a' bruidhinn rium?
	.... (no)
Past Tense	An do bhruidhinn sibh riutha?
	.... (yes)

Nach do bhruidhinn e riut?

.... (no)

Future Tense Am bruidhinn thu rithe?

.... (yes)

Nach bruidhinn i rinn?

.... (no)

4. Dèan eadar-theangachadh. Translate.

He spoke with her.

....

I spoke with you. (informal)

....

You (formal) spoke with him.

....

They spoke with me.

....

We spoke with you. (formal)

....

You (informal) spoke with them.

....

She spoke with us.

....

He didn't speak with us.

....

I didn't speak with her.

....

You (formal) didn't speak with me.

....

They didn't speak with you. (formal)

....

We didn't speak with them.

....

You (informal) didn't speak with us.

....

She didn't speak with him.

....

5. Turn the following sentences into questions.

Bidh mi a' tighinn còmhla riut.

....

Cha bhi sinn a' bruidhinn riutha.

....

Tha e coltach rithe.

....

Chan eil iad ag aontachadh rium.

....

Bha i ag aontachadh ribh.

....

Cha robh sibh (plural) coltach rinn.

....

6. Use the prepositional pronoun instead of the names.

Tha mi a' bruidhinn ri Dòmhnall.

....

Tha mi a' bruidhinn ri Èilidh.

....

Tha mi a' bruidhinn ri Aonghas agus Alasdair

....

7. Use names (any) instead of the prepositional pronoun.

Èistidh mi riutha.

....

Chan èist mi ris.

....

An èist thu rithe?

....

Còmhradh

Iseabail is walking through her office in the town centre while pondering over her new job. She spotted an old friend on the other side of the street and shouted his name.

Iseabail	Eanraig! Nach tig thu anseo, a charaid.
Eanraig	Thig. Fuirich mionaid. Tha an rathad gu math trang agus feumaidh mi a bhith faiceallach.
Iseabail	Tha e math d' fhaicinn. Cha do bhruidhinn mi riut fad mìosan.

Eanraig — Bhruidhinn mi riut còig mìosan air ais nuair a ghluais mi gu Inbhir Nis.

Iseabail — Sin e! Ciamar a tha cùisean leat ann an Inbhir Nis? A bheil an obair a' còrdadh riut?

Eanraig — Chan eil. Dh'fhàg mi an obair sin agus gluaisidh mi gu Port Rìgh an ath-sheachdain.

Iseabail — Port Rìgh? Dè tha a' dol ansin? Dè bhios tu a' dèanamh?

Eanraig — Chan eil mi cinnteach fhathast ach peantaidh mi barrachd. Chan eil tìde agam an-dràsta rud mar sin a dhèanamh.

Iseabail — Am peant thu ballachan mar neach-peantaidh?

Eanraig — Cha pheant! Peantaidh mi mar dealbhair. Tha ùidh mhòr agam ann an obair-ealain.

Iseabail — Uill, ma tha thu ag iarraidh taic obair ùr a lorg san àm ri teachd, leig fios dhomh. Tha dreuchd ùr agam a-nis agus 's urrainn dhomh gad chuideachadh gu cinnteach.

Eanraig — Taing mhòr, Iseabail. A bheil cairt-gnìomhachais agad?

Iseabail — Tha. Seo dhut.

Eanraig — Bruidhnidh mi riut ann am mìos no dhà.

Iseabail — Bruidhnidh! Tìoraidh an-dràsta. Bha e math coinneachadh riut.

Ceistean

1. Cò th' ann an Eanraig *(Who is Henry)*?

....

2. Carson a dh'fheumas Eanraig a bhith faiceallach *(Why does Henry have to be careful)*?

....

3. Dè cho fad 's nach do bhruidhinn iad ri chèile *(How long haven't they spoken with each other)*?

....

4. Cuin a b'e an turas mu dheireadh a bhruidhinn iad *(When was the last time they spoke)*?

....

5. An toil le Eanraig an obair aige *(Does Henry like his work)*?

....

6. Dè bhios e a 'dèanamh an ath-sheachdain *(What is he doing next week)*?

....

7. Dè tha Eanraig an dùil a dhèanamh an-sin *(What is Henry planning to do there)*?

....

8. Dè air a tha ùidh aig Eanraig *(What is Henry interested in)*?

....

9. Dè tha Isobel a' tabhainn dha *(What does Isobel offer him)*?

....

10. Dè tha Eanraig ag iarraidh oirre *(What is Henry asking her for)*?

....

11. Cuin a tha iad am beachd bruidhinn a-rithist *(When do they plan to speak again)*?

....

11. Past Tense of Regular Verbs

Learning objectives

By the end of the lesson you should be able to:

- use regular verbs in the past tense (positive statement)
- use regular verbs in the past tense (negative statement)
- use regular verbs in the past tense questions

Vocabulary ~ Briathrachas

Gàidhlig	Beurla
a' cruthachadh	creating
a' cuideachadh	helping
a' tuigsinn	understanding
cliant	client
comain	debt
cunntas	bill
dòchas	hope
dòrainneach	boring
duilgheadas	difficulty, trouble
eadar-dhealaichte	different
freagarrach	suitable
inneal-glacaidh	trap

iomadh	many
iomallach	remote
sanas-obrach	job advert
seòladh	address
seòmar-mullaich	attic
seòrsa	sort
taghadh	choice
taigeis	haggis

Mìneachadh

1. The Past Tense of Regular Verbs

To form the past tense of regular verb for use in a positive statement, you have to use the root of the verb.
- If it starts with a consonant, you have to lenite it.
- If it starts with a vowel, you add dh' in front of the verb, leaving no space in between. (as dh' is part of the verb, not another word)
- If it starts with an 'f', lenite it and add the dh' in front as the 'fh' is silent like a vowel.

To form the past tense of regular verb for use in a negative statement, you have to use

CHA DO followed by the lenited root of the verb if it starts with a consonant (except f).
CHA DO DH' followed by a verb starting with a vowel.
CHA DO DH' followed by the lenited verb starting with an 'f'.

2. Eacarsaich - Lìon na beàrnan.

What is the positive past tense in a statement? (also used as the YES answer)

cuir		nochd	
ith		till	
seinn		seòl	
fàg		pàigh	
leum		òl	

What is the negative past tense in a statement? (also used in the NO answer)

falbh		lìon	
ruith		dùisg	
tog		feuch	
gluais		seas	
peant		tuit	

3. Ceist 's freagairt. Lìon na beàrnan. Change the personal pronouns where needed.

An do chuir thu càr anns a' gharaids?
Chuir. Chuir mi càr anns a' gharaids.
Cha do chuir. Cha do chuir mi càr anns a' gharaids.

An do thog thu taigh?

....

....

Nach do ruith iad air falbh?

....

....

Nach do ghluais thu a-rithist?

....

....

An do dh'ith sibh marag-dhubh?

....

....

Nach do dh'òl sinn fìon?

....

....

An do dh'fhalbh thu an-dè?

....

....

Nach do dh'fheuch tu sin?

....

....

4. Turn the following sentences into a question. Change the personal pronoun where required.

Sheòl mi dhachaigh. An do sheòl thu dhachaigh?

Phàigh sinn an turas seo.

....

Dh'fhàg iad an doras fosgailte.

....

Pheant i dealbh beag.

....

Cha do sheinn e puirt idir. Nach do sheinn e puirt idir?

Cha do sheas mi.

....

Cha do ghluais sibh bhon taigh.

....

Cha do dh'òl e leann a-riamh.

....

5. Put the words in the correct order to form a sentence. Translate the sentence afterwards.

chòisir an thu anns a' còmhla caraidean sheinn an-uiridh do ri ?

....

....

loch sinn breith bradan dh'fheuch anns an iomallach air .

....

....

iomadh do chroit thu inneal-glacaidh air chuir a' nach ?

....

....

bha do anns ghluais cha a mi seòmar-mullaich bocsaichean an t- .

....

....

6. Change from the past tense into the construction TO BE + Verbal Noun.

Chleachd mi inneal. Bha mi a' cleachdadh inneal.

Dh'fhàg mi an eaglais.

....

Ruith mi air falbh.

....

Lìon mi beàrn.

....

Thuit mi an-dè.

....

Sheas mi anns a' chlas.

....

Còmhradh

Iseabail continues her walk and recognised Èilidh, whom her husband was talking about earlier.

Iseabail	Halò Èilidh, tha e math coinneachadh riut.
Èilidh	Tha gu dearbh. Nochd thu aig an àm ceart. Chuala mi gu bheil obair ùr agad agus 's dòcha gun urrainn dhut gam chuideachadh.
Iseabail	An do bhruidhinn thu ri mo chèile? Thuirt e gun do chàill thu an obair agad. Tha mi duilich sin a chluinntinn. (Chan eil, smaoinich ise, 's e cliant ùr a th' ann.)
Èilidh	Dh'fhag mi an obair oir bha e dòrainneach. Bu toil leam dreuchd eadar-dhealaichte.
Iseabail	Uill, an do leugh thu na sanasan-obrach an-diugh?
Èilidh	Cha do leugh. Cha do cheannaich mi pàipear-naidheachd fhathast.
Iseabail	Dè 'n seòrsa obair a tha thu a' sìreadh?
Èilidh	Chan eil fhios agam aig an àm seo. Tha cus taghadh ann.
Iseabail	Bhruidhinn mi ri companaidhean eadar-dhealaichte agus chruthaich iad obraichean ùra an t- seachdain seo. A bheil ùidh agad sùil a thoirt orra feasgar seo?

Èilidh	Tha. Tha mi cinnteach nach do dh'fheuch mi fòn a chur dhaibhsan fhathast.
Iseabail	Sgoinneil. Seo mo chairt le seòladh air. A bheil 2f freagarrach dhut?
Èilidh	Tha. Thoisich an latha le duilgheadas ach a-nis tha dòchas ann. Tha mi fada nad chomain.
Iseabail	Na gabh dragh. Thuig mi dè tha feum ort.
Èilidh	Mar sin leat!
Iseabail	Tìoraidh!

Ceistean

1. Dè tha Èilidh an dòchas *(What is Èilidh hoping for)*?

....

2. Dè chaill Èilidh *(What did Èilidh lose)*?

....

3. A bheil Iseabail duilich sin a chluinntinn *(Is Iseabail sorry to hear that)*?

....

4. Carson a dh'fhàg Èilidh a dreuchd? *(Why did Èilidh leave her job)*?

....

5. Dè a lorgas i sa phàipear-naidheachd *(What can she find in the newspaper)*?

....

6. Carson nach do thagh i dreuchd ùr fhathast *(Why has she not chosen a new career yet)*?

....

7. Dè rinn companaidhean an t-seachdain seo *(What did companies do this week)*?

....

8. Dè tha Iseabail a' toirt dhi agus carson *(What is Iseabail giving her and why)*?

....

9. Ciamar a chanas Èilidh *(How does Èilidh say)* "I am in your debt"?

....

12. Preposition ANN followed by Personal Pronouns

Learning objectives

By the end of the lesson you should be able to:

- use the prepositional pronouns formed by ANN + Personal Pronouns
- use the sentence construction 'S e ..... a th' / a bh' / a bhios ann
- say what job you have
- say where you work
- understand the diference between NEACH and LUCHD

Vocabulary ~ Briathrachas

Gàidhlig	**Beurla**
a' cur an gnìomh	put in action
a' mìneachadh	explaining
ag atharrachadh	changing
àrd-ollamh	professor
banaltram	nurse
bèicear	baker
bheata	vet
caiptean	captain

còcaire	cook
comhairle	advice
croitear	crofter
cruaidh	hard
cungaidhear	pharmacist
dèonach	keen
dotair	doctor
draibhear	driver
eadar-dhealaichte	different
gàrd	guard
gràin	hate
gruagaire	hairdresser
gu tur	entirely, completely
iasgair	fisherman
manaidsear	manager
neach-bùtha	shopkeeper
neach-comhairle	adviser
neach-iomairt	campaigner
neach-lagha	lawyer
neach-leantainn	follower
neach-naidheachd	reporter
neach-reic	salesman
neach-sgrùdaidh	auditor

neach-smàlaidh	fireman
paidhleat	pilot
poileas	policeman
rùnaire	secretary
sòisealta	social
spaideil	fancy
teagamh	doubt
tidsear	teacher
toilichte	happy
ùidh	interest

Mìneachadh

1. Prepositional Pronoun / Ro-Riochdair : Preposition ANN + Personal Pronoun.

The preposition ANN can be used to indicate what someone or something is. It is used as a defining statement with the definitie form of the verb TO BE: 'S e .... a th' .....

ANN	**Personal Pronoun**	**Prepositional Pronoun**	
ann	mi	**ANNAM**	in me
ann	thu	**ANNAD**	in you (sg)
ann	e	**ANN**	in him
ann	i	**INNTE**	in her

ann	sinn	**ANNAINN**	in us
ann	sibh	**ANNAIBH**	in you (pl)
ann	iad	**ANNTA**	in them

2. Plural of nouns starting with NEACH- (1 person) NEACH- changes to LUCHD- (more than 1 person)

neach-ciùil	musician	**luchd-ciùil**	musicians

neach-leantainn ....
neach-iomairt ....
neach-sgrùdaidh ....
neach-lagha ....
neach-naidheachd ....

3. The sentence construction **'S E .... A TH' + Prepositional Pronoun.** The TH' is the abbreviation for THA.

Present Tense

'S e bèicear ....
She is a ....

'S e dotairean ....
They are ....

Chan e banaltram ....
He is not ....

Chan e draibhearan ....

Nach e bùidsear ....?
Am I not ....?

Nach e poileas ....?
Are you (formal) not ....?

An e gruagairean ....?
Are we ....?

An e tidsear ....?
Are you (informal) ....?

Past Tense **'S E .... A BH' + Prepositional Pronoun.**
The BH' is the abbreviatin for BHA.

'S e rùnaire ....
He was ....

'S e ministear ....
You (informal) were ....

Chan e bheataichean ....
We were not ....

Chan e croitearean ....
They were not ....

Nach e iasgairean ....?
Were they not ....?

Nach e cungaidhear ....?
Was I not ....?

An e caiptean ....?
Were you (formal) ....?

An e paidhleat ....?
Was she ....?

Future Tense 'S E .... A BHIOS + Prepositional Pronoun.

'S e còcaire ....
I will be ....

'S e neach-bùtha ....
He will be ....

Chan e neach-smàlaidh ....
You (informal) will not be ....

Chan e cunntasairean ....
We will not be ....

Nach e neach-reic ....?
Won't you (formal) be ....?

Nach e àrd-ollamh ....?
Won't she be ....?

An e manaidsearan ....?
Will they be ....?

An e gàrd ....?
Will he be ....?

4. '**S e** - The definitive form of the verb TO BE

AN E is/are?	**NACH E** isn't/aren't?
'S E yes	**CHAN E** no

5. Dèan an eadar-theangachadh. Translate.

Are you a professor?

....

Is he not a crofter?

....

Aren't they bakers?

....

Am I not a teacher?

....

Were we accountants?

....

Was she a secretary?

....

Were you (plural) not hairdressers?

....

Were you not a vet?

....

Will they be fishermen?

....

Will he be a fireman?

....

Won't you (informal) be a pilot?

....

Will I be a professor?

....

6. Càite a bheil .... ag obair? Where does someone work?

A .... is working - in a (ann an/am) ....
- on a (air) ....

dotair	Tha dotair ag obair ann an ospadal.
manaidsear	....
poileas	....
bheat	....
iasgair	....
paidhleat	....
neach-reic	....
còcaire	....

The .... is working - in the (anns an/a') ....
Note: anns + an = san
- on the (air an/a') ....

dotair	Tha an dotair ag obair anns an (san) ospadal.

manaidsear	....
poileas	....
bheat	....
iasgair	....
paidhleat	....
neach-reic	....
còcaire	....

Còmhradh

Iseabail meets Mòrag outside her office. She is keen to find out more about Iseabail's new job.

Mòrag	Feasgar math, Iseabail! 'S fhada bhon uairsin. Dè do naidheachd?
Iseabail	Fhuair mi obair ùr an t-seachdain sa chaidh. Tha mi cho toilichte!
Mòrag	Meal do naidheachd! Dè 'n obair a th' ann?
Iseabail	'S e neach-comhairle a th' annam. Tha mi ag obair ann an oifis spaideil anns a' bhaile.
Mòrag	Dè 'n seòrsa comhairle a tha thu a' toirt do dhaoine?
Iseabail	Tha mi a' mìneachadh dè 'n seòrsa obraichean a th' ann agus dè na dreuchdan 's urrainn dhaibh a dhèanamh.
Mòrag	Uill, bhithinn deònach bruidhinn riut uaireigin mu chothroman obrach. Tha gràin agam air an obair agam.

Iseabail	Dè 'n obair a th' agad an-dràsta fhèin?
Mòrag	'S e cunntasair a th' annam ach bu toil leam dreuchd gu tur eadar-dhealaichte.
Iseabail	Dè 's fheàrr leat, obair le daoine no obair le beathaichean?
Mòrag	Beathaichean gun teagamh sam bith. 'S toil leam eich, caoraich 's bà Gàidhealach gu mòr
Iseabail	Nach eil ùidh agad ann an obair shòisealta?
Mòrag	Chan eil. Chan eil ùidh agam air idir.
Iseabail	Thig dhan oifis còmhla rium agus cuiridh sinn plana an gnìomh.
Mòrag	Sgoinneil! Taing mhòr Iseabail.

Ceistean

1. An robh ùine mhòr ann bho chunnaic iad a chèile turas mu dheireadh *(Has it been a long time since they saw each other last)*?

....

2. Dè an naidheachd a th' aig Iseabail *(What news does Iseabail have)*?

....

3. Dè am facal a tha i a' cleachdadh airson a ràdh gu bheil i *(What word does she use to say she is)* "happy"?

....

4. Dè an obair a th' ann *(What job is it)*?

....

5. Càit a bheil i ag obair *(Where does she work)*?

....

6. Dè bhios i a' dèanamh san obair aice *(What does she do in her job)*?

....

7. Dè mu dheidhinn a tha Mòrag airson bruidhinn ri Iseabail *(What does Mòrag want to speak Iseabail about)*?

....

8. Dè an obair a th' aig Mòrag an-dràsta *(What job does Mòrag have at the moment)*?

....

9. Cò no dè as fheàrr le Mòrag a bhith ag obair leis *(Who or what does Mòrag prefer to work with)*?

....

10. A bheil ùidh aice ann an obair shòisealta *(Is she interested in social work)*?

....

11. Dè nì iad san oifis *(What will they do in the office)*?

....

Gàidhlig

Leuman Gràmair

Pàirt 1
Freagairtean

Ann Desseyn - Nic a' Chùbair (Cooper)

1. Possessive Articles

Eacarsaich 2

Mo mhàthair (my)	a (his) **bhràthair** (brother)	**d'** (your, informal) uncail
Do phiuthar (your, informal)	mo **cheann** (head)	**m'** (my) antaidh
A chas (his)	do **chorrag** (finger)	**("a" not written)** (his) òrdag
A sùil (her)	a (her) **seanair** (grandfather)	**a h-** (her) uileann
ar màthair (our)	am **bilean** (lips)	**ur n-** (your, formal) uncail
ur piuthar (your, formal)	ur **ceann** (head)	**an** (their) antaidh
an casan (their)	ar **corragan** (fingers)	**ar n-** (our) òrdagan
am bràthair (their)	an **caraid** (friend)	**an** (their) athair

Eacarsaich 3

A bheil a chasan goirt?	Tha. Tha **a** chasan goirt. Chan eil. Chan eil **a** chasan goirt.
Nach eil an casan goirt?	Tha. Tha **an** casan goirt. Chan eil. Chan eil **an** casan goirt.
Nach eil ur casan goirt?	Tha. Tha **ar** casan goirt. Chan eil. Chan eil **ar** casan goirt.

Eacarsaich 4

Tha a phiuthar a' tighinn.	A bheil a phiuthar a' tighinn?
Tha a màthair a' tighinn.	A bheil a màthair a' tighinn?
Chan eil ur pàrantan a' falbh.	Nach eil ar pàrantan a' falbh?
Chan eil am pàrantan a' falbh.	Nach eil am pàrantan a' falbh?

Ceistean

1. Dè tha dol?
2. He is on holiday.
3. Càite a bheil thu?
4. Italy
5. Yes
6. His parents and brother.
7. Yes.
8. He fell and hurt his legs and elbow.
9. Maybe Africa.
10. Next week.
11. Mar sin leat!

2. DO + Personal Pronouns

Eacarsaich 2

Thoir **DHA** prèasant. (to him)	Seo bràthair **DHI** (hers)
Thoir **DHOMH** prèasant. (to me)	Seo piuthar **DHOMH** (mine)
Thoir **DHUINN** prèasantan. (to us)	Seo màthair **DHAIBH** (theirs)

Eacarsaich 3

A bheil e a' toirt plèana dhi?
Tha. Tha e a' toirt plèana dhi.
Chan eil. Chan eil e a' toirt plèana dhi.

Nach eil mi a' toirt bus dhut?
Tha. Tha thu a' toirt bus dhomh
Chan eil. Chan eil thu a' toirt bus dhomh.

Nach eil iad a' toirt baidhseagalan dhuinn?
Tha. Tha iad a' toirt baidhseagalan dhuibh.
Chan eil. Chan eil iad a' toirt baidhseagalan dhuibh.

Eacarsaich 4

Tha e ag innse dhomh an fhìrinn.
A bheil e ag innse dhut an fhìrinn?

Tha thu ag innse dhaibh an sgeulachd.
A bheil mi ag innse dhaibh an sgeulachd?

Tha i ag innse dha barrachd.
A bheil i ag innse dha barrachd?

Chan eil iad a' bruidhinn ri pàrantan dhaibh.
Nach eil iad a' bruidhinn ri pàrantan dhaibh?

Chan eil sibh a' bruidhinn ri caraid dhuinn.
Nach eil sinn a' bruidhinn ri caraid dhuibh?

Chan eil mi a' bruidhinn ri màthair dhomh.
Nach eil thu a' bruidhinn ri màthair dhut?

Eacarsaich 5

An urrainn dhut siubhal?
'S urrainn. 'S urrainn dhomh siubhal.
Chan urrainn. Chan urrainn dhomh siubhal.

Nach urrainn dhuibh seinn?
'S urrainn. 'S urrainn dhuinn seinn.
Chan urrainn. Chan urrainn dhuinn seinn.

Nach urrainn dhaibh draibheadh ?
'S urrainn. 'S urrainn dhaibh draibheadh.
Chan urrainn. Chan urrainn dhaibh draibheadh.

Am b' urrainn dhomh cluiche?
B' urrainn. B' urrainn dhut cluiche.
Cha b' urrainn. Cha b' urrainn dhut cluiche.

Nach b' urrainn dha siubhal?
B' urrainn. B' urrainn dha siubhal.
Cha b' urrainn. Cha b' urrainn dha siubhal.

Nach b' urrainn dhaibh seinn?
B' urrainn. B' urrainn dhaibh seinn.
Cha b' urrainn. Cha b' urrainn dhaibh seinn.

Eacarsaich 7

Ciamar a bhios e a' siubhal?	Bidh e a' siubhal air plèana.
Ciamar a bhios iad a' siubhal?	Bidh iad a' siubhal air a' bhus.
Ciamar a bhios sinn a' siubhal?	Bidh sibh a' siubhal air baidhseagal.
Ciamar a bhios sibh a' siubhal?	Bidh sinn a' siubhal air trèana.

Ceistean

1. Làithean-saora
2. Easter time
3. He has never been there.
4. It is too far.
5. Na gabh dragh.
6. Plane, train, bus, car or bicycle.
7. All over the place.
8. 'S tusa mac dha.
9. No.

3. Comparative Adjectives

Eacarsaich 2

Tha taigh cho **SEANN** ri eaglais.	old
Tha cat cho **ÒG** ri cù.	young
Tha balach cho **SALACH** ri nighean.	dirty
Tha luch nas **LUGHA** na ailbhean.	smaller
Tha cèic nas **FHEÀRR** na sailead.	better
Tha an-diugh nas **FHUAIRE** na an-dè.	colder

’S e balach **NAS ÒIGE** a th’ ann.	younger
’S e bòrd **NAS SALAICHE** a th’ ann.	dirtier
’S e bùth **NAS LUGHA** a th’ ann.	smaller
Tha si **NAS FHEÀRR**.	better
Tha seo **NAS FHASA**.	easier
Bha iad **NA B’ ÒIGE.**	younger
Bhiodh iad **NA BU TREASA**.	stronger
’S e Mòrag **AS MIOSA.**	worse
’S e sinn **AS SINE.**	older
’S e càr **AS LUAITHE** a shiubhail a-riamh.	fastest
’S e Eilidh **AS FHEÀRR** a tha a’ seinn.	best

Eacarsaich 3

A bheil esan nas òige na ise?
Tha. Tha esan nas òige na ise.
Chan eil. Chan eil esan nas òige na ise.

Nach eil uaine nas fheàrr na gorm?
Tha. Tha uaine nas fheàrr na gorm.
Chan eil. Chan eil uaine nas fheàrr na gorm.

Nach eil sinne nas luaithe na iadsan?

Tha. Tha sibhse nas luaithe na iadsan.
Chan eil. Chan eil sibhse nas luaithe na iadsan.

Eacarsaich 4

Tha seo nas fheàrr.	A bheil seo nas fheàrr?
Bha i na b' òige.	An robh i na b' òige?
Tha sin nas miosa.	A bheil sin nas miosa?
Bha e na b' fhasa.	An robh e na b' fhasa?
Tha iad nas salaiche.	A bheil iad nas salaiche?
Bha sibh na bu shine.	An robh sinn na bu shine?

Eacarsaich 5

Dè bu toil leat ceannach? (peas)
Bu toil **LEAM PEASRAICHEAN** a cheannach.
Dè bu toil leis ceannach? (eggs and ham)
Bu toil **LEIS UIGHEAN 'S HAMA** a cheannach.
Dè bu toil leatha ceannach? (bread and butter)
Bu toil **LEATHA ARAN 'S ÌM** a cheannach.
Dè bu toil leibh (group) ceannach? (sugar and milk)
Bu toil **LEINN SIÙCAR 'S BAINNE** a cheannach.

Am bu toil leis aran donn?
Bu toil. Bu toil leis aran donn.
Cha bu toil. Cha bu toil leis aran donn.
Am bu toil leotha iasg?
Bu toil. Bu toil leotha iasg.
Cha bu toil. Cha bu toil leotha iasg.

Ceistean

1. To the shop.
2. Bread, cheese and butter.
3. No.
4. Chocolate.
5. White chocolate.
6. 'S e do bheatha.
7. Their mother.
8. Tìoraidh!

4. Inversion

Eacarsaich 2

	with an object in front	*without an object in front*
a' bruidhinn	a bhruidhinn	bruidhinn
a' feuchainn	fheuchainn	feuchainn
ag iasgach	iasgach	iasgach
a' ruith	a ruith	ruith
a' toirt	a thoirt	toirt
ag èirigh	èirigh	èirigh
a' lìonadh	a lìonadh	lìonadh

Eacarsaich 3

An toil leis Gàidhlig a bhruidhinn?
'S toil. 'S toil leis Gàidhlig a bhruidhinn.
Cha toil. Cha toil leis Gàidhlig a bhruidhinn.

Nach toil leotha taigh a thogail?
'S toil. 'S toil leotha taigh a thogail.
Cha toil. Cha toil leotha taigh a thogail.

Nach toil leatha gèama a chluiche?
'S toil. 'S toil leatha gèama a chluiche.
Cha toil. Cha toil leatha gèama a chluiche.

Am bu toil leis ruith?
Bu toil. Bu toil leis ruith.
Cha bu toil. Cha bu toil leis ruith.
Nach bu toil leotha a thighinn?
Bu toil. Bu toil leotha a thighinn.
Cha bu toil. Cha bu toil leotha a thighinn.

Nach bu toil leibh bruidhinn?
Bu toil. Bu toil leinn bruidhinn.
Cha bu toil. Cha bu toil leinn bruidhinn.

Eacarsaich 4

'S toil leibh an fhìrinn innse.
An toil leinn an fhìrinn innse?
'S toil leis dealbh fhaighinn.
An toil leis dealbh fhaighinn?
'S toil leatha actair a choinneachadh.
An toil leatha actair a choinneachadh?

Cha toil leotha ruith. — Nach toil leotha ruith?
Cha toil leis èirigh. — Nach toil leis èirigh?
Cha toil leam cluiche. — Nach toil leat cluiche?

Bu toil leibh an fhìrinn innse.
Am bu toil leinn an fhìrinn innse?
Bu toil leis dealbh fhaighinn.
Am bu toil leis dealbh fhaighinn?
Bu toil leinn actair a choinneachadh.
Am bu toil leibh actair a choinneachadh?

Cha bu toil leotha ruith.	Nach bu toil leotha ruith?
Cha bu toil leis èirigh.	Nach bu toil leis èirigh?
Cha bu toil leam cluiche.	Nach bu toil leat cluiche?

Eacarsaich 5

Dè 's toil leam?	'S toil leat cèic.
Dè nach toil leam?	Cha toil leat iasg.
Dè 's toil leat?	'S toil leam iasg.
Dè nach toil leat?	Cha toil leam aran.
Dè 's toil leis?	'S toil leis fìon.
Dè nach toil leis?	Cha toil leis uisge.
Dè 's toil leatha?	'S toil leatha cù.
Dè nach toil leatha?	Cha toil leatha Tbh.
Dè 's toil leibh?	'S toil leinn feòil.
Dè nach toil leibh?	Cha toil leinn bainne.
Dè 's toil leotha	'S toil leotha film.
Dè nach toil leotha?	Cha toil leotha leabhar.

Ceistean

1.Peter Pan.
2. Bu toil agus mise.
3. No.

4. Blackbeard.
5. 3.
6. Mas e ur toil e.
7. £15.

5. Adverbs - Direction / Location

Eacarsaich 2

Past Tense
Chaidh mi sìos an staidhre.
Bha mi shìos an staidhre.

Present Tense
Tha mi a' dol sìos an staidhre.
Tha mi shìos an staidhre.

Future Tense
Thèid mi sìos an staidhre.
Bidh mi shìos an staidhre.

Eacarsaich 3

Past Tense
Chaidh mi a-mach.
Bha mi a-muigh.

Present Tense
Tha mi a' dol a-mach.
Tha mi a-muigh.

Future Tense
Thèid mi a-mach.
Bidh mi a-muigh.

Eacarsaich 4

A bheil e a' dol sìos?	Tha. Tha e a' dol sìos. Chan eil. Chan eil e a' dol sìos.
Nach eil iad a' dol suas?	Tha. Tha iad a' dol suas. Chan eil. Chan eil iad a' dol suas.
Nach eil sibh a' dol sìos?	Tha. Tha sinn a' dol sìos. Chan eil. Chan eil sinn a' dol sìos.
A bheil thu a' dol a-steach?	Tha. Tha mi a' dol a-steach. Chan eil. Chan eil mi a' dol a-steach.
A bheil e a' dol a-mach?	Tha. Tha e a' dol a-mach. Chan eil. Chan eil e a' dol a-mach.
Nach eil iad a' dol a-steach?	Tha. Tha iad a' dol a-steach. Chan eil. Chan eil iad a' dol a-steach.
Nach eil sibh a' dol a-mach?	Tha. Tha sinn a' dol a-mach. Chan eil. Chan eil sinn a' dol a-mach.

Eacarsaich 5

Tha i a-muigh.	A bheil i a-muigh?
Tha sinn a-staigh.	A bheil sibh a-staigh?
Chan eil sibh a-staigh.	Nach eil sinn a-staigh?
Chan eil thu a-muigh.	Nach eil mi a-muigh?

Eacarsaich 6

Tha e a' dol a-steach dhan bhùth.
Tha iad a' dol a-steach dhan eaglais.

Tha thu a' dol a-steach dhan sgoil.
Tha sinn a' dol a-steach dhan t-seada.
Tha thu a' dol a-steach dhan t-sabhal.

Eacarsaich 8

We are going.	Tha sinn a' dol.	
Did they go?	An deach iad?	
	Yes.	Chaidh.
	No.	Cha deach.
Will she go?	An tèid i?	
	Yes.	Thèid.
	No.	Cha tèid.

Ceistean

1. Temperature is going up every day.
2. Go inside.
3. It is a bit cooler.
4. David's wife.
5. Yes.
6. Yes.
7. To change his clothes.
8. That the temperature lowers inside.
9. Bathroom.
10. Upstairs.
11. Toilet.
12. Don't fall down the stairs.
13. They are steep.
14. He'd be getting a drink quicker.
15. No.

16. A message.
17. To the butcher.
18. Beer and water.
19. It's too early to drink alcohol.
20. Upstairs.
21. Go outside again.
22. That the temperature will be lower.

6. Verbal Noun

Eacarsaich 2

AG iarraidh

A' peantadh

A' bruidhinn

AG ithe

A' tarraing

AG òl

A' coiseachd

AG èirigh

A' siubhal

A' nochdadh

Eacarsaich 3

Beurla English	Freumh Root	a' / ag	Ainmear Gnìomhaireach Verbal Noun
bake	fuin	a'	fuineadh
represent	riochdaich	a'	riochdachadh
put	cuir	a'	cur
tell	innis	ag	innse

work	obraich	ag	obair
try	feuch	a'	feuchainn
hide	falaich	a'	falach

Eacarsaich 4

Chan eil mi cinnteach ma tha e ag iarraidh deoch.
I'm not sure if he wants a drink.
Tha sinn a' fuineadh aran geal 's cèic an-diugh.
We are baking white bread and cake today.

An robh iad ag ràdh gur e beachd math a bh' ann?
Did they say that it was a good idea?
Nach robh thu a' dìreadh beanntan àrda an-uiridh?
Didn't you climb high mountains last year?

Bidh mi a' tighinn nas anmoiche.
I'll come later.
Cha bhi e a' cagar rùinean idir.
He won't whisper secrets at all.

Eacarsaich 5

Chan eil iad cinnteach ma tha e ag iarraidh deoch.
A bheil iad cinnteach ma tha e ag iarraidh deoch?
Nach eil iad cinnteach ma tha e ag iarraidh deoch?

Tha mi a' fuineadh aran geal 's cèic an-diugh.

A bheil thu a’ fuineadh aran geal ’s cèic an-diugh?
Nach eil thu a’ fuineadh aran geal ’s cèic an-diugh?

Bha e ag ràdh gur e beachd math a bh’ ann.
An robh e ag ràdh gur e beachd math a bh’ ann?
Nach robh e ag ràdh gur e beachd math a bh’ ann?
Cha robh sinn a’ dìreadh beanntan àrda an-uiridh.
An robh sibh a’ dìreadh beanntan àrda an-uiridh?
Nach robh sibh a’ dìreadh beanntan àrda an-uiridh?
Bidh mi a’ fuireach thall ansin fad mìosan.
Am bi thu a’ fuireach thall ansin fad mìosan?
Nach bi thu a’ fuireach thall ansin fad mìosan?

Cha bhi sibh ag aontachadh ri sin.
Am bi sinn ag aontachadh ri sin?
Nach bi sinn ag aontachadh ri sin?

Eacarsaich 6

Nach bi sibh a' seinn òran no dhà?
Tha mi ag èisteachd ris na naidheachdan anns a' mhadainn.
An robh e a' seachdnachadh taigh le coin?
Tha na balaich as sine a' lomadh gach latha.
Am bi do mhàthair a' faighinn coineanaich le falt liath?

Eacarsaich 7

Beurla	**Verbal Noun**
getting	a' faighinn
doing	a' dèanamh

Beurla	**Verbal Noun**
saying	ag ràdh
giving	a' toirt
catching	a' breith
coming	a' tighinn
seeing	a' faicinn
going	a' dol
reaching, arriving	a' ruigsinn
hearing	a' cluinntinn

Ceistean

1. The engine.
2. To buy petrol.
3. Tomorrow.
4. Na gabh dragh.
5. A young fishing boat.
6. Yes.
7. Fishing rods.
8. Near the bucket.
9. Dolphins.
10. Fishing.
11. Sunset.
12. In an hour or two.

7. Visible Lenition at the Start of a Word

Eacarsaich 1

mo	BHAILE	(my town)
mo	LEANABH	(my baby)
do	GHÀRRADH	(your garden)
do	NAIDHEACHD	(your news)
a	BHRIOGAIS	(his trousers)
a	SGEULACHD	(his story)

Eacarsaich 2

clach	BHEAG	(small)
sgoil	SGOINNEIL	(great, cool)
feòil	GHEAL	(white)
antaidh	SNOG	(kind, gentle)
drochaid	FHADA	(long)
lèine	SRIANACH	(striped)

Eacarsaich 3

Seòras	a Sheòrais
Eilidh	Eilidh
Beathag	a Bheathag
Lachaidh	a Lachaidh
Seumas	a Sheumais
Raonaid	a Raonaid

Eacarsaich 4

draibh	DHRAIBH	(drove)
ruith	RUITH	(ran)
marbh	MHARBH	(killed)
sgaoil	SGAOIL	(spread)
cùm	CHÙM	(kept)
sreap	SHREAP	(climb)

Eacarsaich 5

a’	GHEALACH	(moon)
a’	BHLIADHNA	(year)
a’	CHLUAS	(ear)
a’	CHÈIC	(cake)
a’	CHAS	(leg)
a’	CHORRAG	(finger)

Eacarsaich 6

corra	FHACAL	(word)
corra	UAIR	(hour)
deagh	BHEACHD	(idea)
deagh	ÀM	(time)
droch	FHORTAN	(fortune)
droch	NAIDHEACHD	(news)
prìomh	MHINISTEAR	(minister)
prìomh	RATHAD	(road)
seann	GHILLE	(bachelor)
seann	TRÈAN	(train)

Eacarsaich 7

glè	DHAOR	(expensive)
glè	LUATH	(fast)
fìor	GHLIC	(smart)
fìor	PHÀRANT	(parent)
ro	SHÀMHACH	(quiet)
ro	ÀRD	(high)
sàr	CHOTHROM	(opportunity)
sàr	CHLEASAICHE	(actor)

Eacarsaich 8

aon	GHALAR	(disease)
aon	TAIGH	(house)
dà	BHLIADHNA	(year)
dà	RUD	(things)
a' chiad	CHOGADH	(war)
a' chiad	STOIRM	(storm)

Eacarsaich 9

Bu	CHAOMH	leam	(caomh - like)
Bu	MHATH	leam	(math - like)
Am bu	CHÒIR DHUT	falbh?	(you ought to)
Nach bu	CHÒIR DHAIBH a thighinn?		(they ought to)

Eacarsaich 10

bho	THÌR	(offshore)
de	DHÙTHAICH	(land)
do	BHAILE	(town)
fo	BHÒRD	(table)

gun	MHEARACHD	(mistake)
mar	GHAOTH	(wind)
mu	DHEIREADH	(last)
ro	FHURASTA	(easy)
tro	DHORAS	(door)

Eacarsaich 11

Cha	CHRÈID MI sin.	(I don't believe that.)
Cha	PHÀIGH E sin.	(He doesn't pay that.)
Cha	BHI I ann.	(She won't be there.)
Cha	SHREAP MI seo.	(I don't climb this.)
Cha	RUITH MI an-seo.	(I don't run here.)
Cha	LÌON MI seo.	(I don't fill this.)

Ceistean

1. Near the bridge.
2. Yes.
3. Close to the island.
4. Phone signal.
5. Swam to the island.
6. Listening to music and play games.
7. Diving.
8. It drifted away.
9. Once the dogs were barking.
10. Too dangerous.
11. 'S e sàr-bheachd a th' ann.
12. Storms, big waves, hypothermia, boats, animals
13. Good health and safety management.
14. They died.
15. It is getting late.
16. Steering wheel.

17. Home.

8. Adjectives after Singular Nouns in the Nominative Case

Eacarsaich 2

Gnè ***Gender***	***Ainmear*** ***Noun***	***Buadhair*** ***Adjective***	***Translate***
b	òrdag	mhòr	big
f	cidsin	beag	small
b	slàinte	mhath	good
f	mìos	goirid	short
b	bliadhna	ùr	new
f	doras	ìosal	low
b	gealach	gheal	white
b	làmh	bhlàth	warm
f	greim	làidir	strong
f	baile	fada	far

Eacarsaich 3

Am bu toil leat dìnnear mhòr?
Bu toil. Bu toil leam dìnnear mhòr.
Cha bu toil. Cha bu toil leam dìnnear mhòr.

Nach bu toil leat banana buidhe?
Bu toil. Bu toil leam banana buidhe.
Cha bu toil. Cha bu toil leam banana buidhe.

Nach bu toil leat aran donn?
Bu toil. Bu toil leam aran donn.
Cha bu toil. Cha bu toil leam baran donn .

Am bu toil leis coineanach liath?
Bu toil. Bu toil leis coineanach liath.
Cha bu toil. Cha bu toil leis coineanach liath.

Nach bu toil leatha falt bàn?
Bu toil. Bu toil leatha falt bàn.
Cha bu toil. Cha bu toil leatha falt bàn.
Nach bu toil leibh ticead saor?
Bu toil. Bu toil leinn ticead saor.
Cha bu toil. Cha bu toil leinn ticead saor.

Eacarsaich 3

Tha bucaid fhalamh agam.	A bheil bucaid fhalamh agad?
Tha dìnnear bhlasta agam.	A bheil dìnnear bhlasta agad?
Tha clach throm agam.	A bheil clach throm agad?
Chan eil peata snog aige.	Nach eil peata snog aige?
Chan eil teaghlach mòr aca.	Nach eil teaghlach mòr aca?
Chan eil seada cruinn againn.	Nach eil seada cruinn agaibh?

Eacarsaich 5

a green sock	'S e stocainn uaine a th' ann.
a red bridge	'S e drochaid dhearg a th' ann.
a beautiful language	'S e cànan bòidheach a th' ann.
a warm sun	'S e grian bhlàth a th' ann.

a nice man	’S e duine snog a th’ ann.
a strong wind	’S e gaoth làidir a th’ ann.
a steep hill	’S e cnoc cas a th’ ann.
a wild dog	’S e cù fiadhaich a th’ ann.
a bad accident	’S e tubaist dhona a th’ ann.
a sore head	’S e ceann goirt a th’ ann.
a fast bus	’S e bus luath a th’ ann.

Ceistean

1. Cold.
2. His jumper is wet.
3. 'S beachd math a th' ann.
4. Warm shirt.
5. Warm them up.
6. On the bed in the bedroom.
7. Yes.
8. Red jumper and purple tie with sheep on it.
9. No.
10. He can keep it.

9. Future Tense of Single Syllable Verbs

Eacarsaich 2

cuir	cuiridh	nochd	nochdaidh
ith	ithidh	till	tillidh
seinn	seinnidh	seòl	seòlaidh
fàg	fàgaidh	pàigh	pàighidh
leum	leumaidh	òl	òlaidh

falbh	Chan fhalbh	lìon	Cha lìon
ruith	Cha ruith	dùisg	Cha dhùisg
tog	Cha tog	feuch	Chan fheuch
gluais	Cha ghluais	seas	Cha sheas
peant	Cha pheant	tuit	Cha tuit

Eacarsaich 3

An tog thu taigh?
Togaidh. Togaidh mi taigh.
Cha tog. Cha tog mi taigh.

Nach ruith iad air falbh?
Ruithidh. Ruithidh iad air falbh.
Cha ruith. Cha ruith iad air falbh.

Nach gluais thu a-rithist?
Gluaisidh. Gluaisidh mi a-rithist.
Cha ghluais. Cha ghluais mi a-rithist.

An ith sibh marag-dhubh?
Ithidh. Ithidh sinn marag-dhubh.
Chan ith. Chan ith sinn marag-dhubh.

Nach òl sinn fìon?
Òlaidh. Òlaidh sibh fìon.
Chan òl. Chan òl sibh fìon.

Am falbh mi a-màireach?
Falbhaidh. Falbhaidh tu a-màireach.
Chan fhalbh. Chan fhalbh thu a-màireach.

Nach feuch tu sin?
Feuchaidh. Feuchaidh mi sin.
Chan fheuch. Chan fheuch mi sin.

Eacarsaich 4

Am pàig sibh an turas seo?
Am fàg iad an doras fosgailte?
Am peant i dealbh beag?
Nach seas thu?
Nach gluais sibh bhon taigh?
Nach òl e leann a-riamh?

Eacarsaich 5

Fàgaidh mi an stèisean mòr leam fhèin a-nochd.
Dannsaidh i còmhla ris fad na h-oidhche.
Feuchaidh sibh airgead a thogail an ath-mhìos.
Ithidh mi maorach gu tric aig a' chala ionadail.

Eacarsaich 6

cleachdaidh, cùmaidh, fàgaidh, seòlaidh, seinnidh, dannsaidh
chan òl , chan fheuch, cha sheas, cha tuit, **c**han ith, chan fhàg

Ceistean

1. Tha sgàth orm.
2. She needs to think about people who need help finding work.
3. Don't hit a lamp-post.
4. Nonsense.

5. The shop is closing.
6. No.
7. Being jealous.
8. Yes.
9. Online/On the computer.
10. Stop gossiping.

10. Preposition RI followed by a Personal Pronoun

Eacarsaich 3

Present Tense	A bheil thu a' bruidhinn ris? Tha. (yes) Nach eil iad a' bruidhinn rium? Chan eil. (no)
Past Tense	An do bhruidhinn sibh riutha? Bhruidhinn. (yes) Nach do bhruidhinn e riut? Cha do bhruidhinn. (no)
Future Tense	Am bruidhinn thu rithe? Bruidhnidh. (yes) Nach bruidhinn i rinn? Cha bhruidhinn. (no)

Eacarsaich 4

He spoke with her.
Bhruidhinn e rithe.
I spoke with you. (informal)
Bhruidhinn mi riut.

You (formal) spoke with him.
Bhruidhinn sibh ris.
They spoke with me.
Bhruidhinn iad rium.
We spoke with you. (formal)
Bhruidhinn sinn ribh.
You (informal) spoke with them.
Bhruidhinn thu riutha.
She spoke with us.
Bhruidhinn i rinn.
He didn't speak with us.
Cha do bhruidhinn e rinn.
I didn't speak with her.
Cha do bhruidhinn mi rithe.
You (formal) didn't speak with me.
Cha do bhruidhinn sibh rium.
They didn't speak with you. (formal)
Cha do bhruidhinn iad ribh.
We didn't speak with them.
Cha do bhruidhinn sinn riutha.
You (informal) didn't speak with us.
Cha do bhruidhinn thu rinn.
She didn't speak with him.
Cha do bhruidhinn i ris.

Eacarsaich 5

Bidh mi a' tighinn còmhla riut.
Am bi thu a' tighinn còmhla rium?
Cha bhi sinn a' bruidhinn riutha.
Nach bi sibh a' bruidhinn riutha?

Tha e coltach rithe.
A bheil e coltach rithe?
Chan eil iad ag aontachadh rium.
Nach eil iad ag aontachadh riut?

Bha i ag aontachadh ribh.
An robh i ag aontachadh rinn?
Cha robh sibh (plural) coltach rinn.
Nach robh sinn coltach ribh?

Eacarsaich 6

Tha mi a' bruidhinn ri Dòmhnall.	RIS
Tha mi a' bruidhinn ri Èilidh.	RITHE
Tha mi a' bruidhinn ri Aonghas agus Alasdair.	RIUTHA

Eacarsaich 7

Èistidh mi riutha.	RI MÀIRI 'S SEUMAS
Chan èist mi ris.	RI AONGHAS
An èist thu rithe?	RI EILIDH

Ceistean

1. A friend.
2. The road is busy.
3. Months.
4. 5 months ago.
5. No.
6. Move to Portree.
7. He is not sure yet.

8. Paint.
9. To help him find a new job.
10. Business card.
11. In a month or two.

11. Past Tense of Regular Verbs

Eacarsaich 2

cuir	chuir	nochd	nochd
ith	dh'ith	till	thill
seinn	sheinn	seòl	sheòl
fàg	dh'fhàg	pàigh	phàigh
leum	leum	òl	dh'òl

falbh	cha do dh'fhalbh	lìon	cha do lìon
ruith	cha do ruith	dùisg	cha do dhùisg
tog	cha do thog	feuch	cha do dh'fheuch
gluais	cha do ghluais	seas	cha do sheas
peant	cha do pheant	tuit	cha do thuit

Eacarsaich 3

An do thog thu taigh?
Thog. Thog mi taigh.
Cha do thog. Cha do thog mi taigh.

Nach do ruith iad air falbh?
Ruith. Ruith iad air falbh.
Cha do ruith. Cha do ruith iad air falbh.

Nach do ghluais thu a-rithist?
Ghluais mi a-rithist.
Cha do ghluais mi a-rithist.

An do dh'ith sibh marag-dhubh?
Dh'ith. Dh'ith sinn marag-dhubh.
Cha do dh'ith. Cha do dh'ith sinn marag-dhub.

Nach do dh'òl sinn fìon?
Dh'òl. Dh'òl sibh fìon.
Cha do dh'òl. Cha do dh'òl sibh fìon.

An do dh'fhalbh thu an-dè?
Dh'fhalbh. Dh'fhalbh mi an-dè.
Cha do dh'fhalbh. Cha do dh'fhalbh mi an-dè.

Nach do dh'fheuch tu sin?
Dh'fheuch. Dh'fheuch mi sin.
Cha do dh'fheuch. Cha do dh'fheuch mi sin.

Eacarsaich 4

An do phàigh sibh an turas seo?
An do dh'fhàg iad an doras fosgailte?
An do pheant i dealbh beag?
Nach do sheas thu?
Nach do ghluais sinn bhon taigh?
Nach do dh'òl e leann a-riamh?

Eacarsaich 5

An do sheinn thu anns a' chòisir còmhla ri caraidean an-uiridh?
Dh'fheuch sinn breith air bradan anns an loch iomallach.
Nach do chuir thu iomadh inneal-glacaidh air a' chroit?
Cha do ghluais mi bocsaichean a bha anns an t-seòmar-mullaich.

Eacarsaich 6

Bha mi a' fàgail an eaglais.
Bha mi a' ruith air falbh.
Bha mi a' lìonadh beàrn.
Bha mi a' tuiteam an-dè.
Bha mi a' seasamh anns a' chlas.

Ceistean

1. That Iseabail will help her.
2. Her job.
3. Yes and No.
4. It was boring.
5. Job adverts.
6. There is too much choice.
7. Create new jobs.
8. Her card with her address on so they can meet up.
9. Tha mi fada nad chomain.

12. Preposition ANN followed by Personal Pronouns

Eacarsaich 2

luchd-leantainn
luchd-iomairt
luchd-sgrùdaidh
luchd-lagha
luchd-naidheachd

Eacarsaich 3

Present Tense

'S e bèicear a th' innte.
She is a baker.

'S e dotairean a th' annta.
They are doctors.

Chan e banaltram a th' ann.
He is not a nurse.

Chan e draibhearan a th' annainn.
We are not drivers.

Nach e bùidsear a th' annam?
Am I not a butcher?

Nach e poileas annaibh?
Are you (formal) not a policeman?

An e gruagairean a th' annainn?
Are we hairdressers?

An e tidsear a th' annad?
Are you (informal) a teacher?

Past Tense

'S e rùnaire a bh' ann.
He was a secretary.

'S e ministear a bh' annad.
You (informal) were a minister.

Chan e bheataichean a bh' annainn.
We were not vets.

Chan e croitearean a bh' annta.
They were not crofters.

Nach e iasgairean a bh' annta?
Were they not fishermen?

Nach e cungaidhear a bh' annam?
Was I not a pharmacist.?

An e caiptean a bh' annaibh?
Were you (formal) a captain?

An e paidhleat a bh' innte?
Was she a pilot?

Future Tense

’S e còcaire a bhios annam.
I will be a cook.
’S e neach-bùtha a bhios ann.
He will be a shopkeeper.

Chan e neach-smàlaidh a bhios annad.
You (informal) will not be a fireman.

Chan e cunntasairean a bhios annainn.
We will not be accountants.

Nach e neach-reic a bhios annaibh?
Won’t you (formal) be a salesman?

Nach e àrd-ollamh a bhios innte?
Won’t she be a professor?

An e manaidsearan a bhios annta?
Will they be managers?

An e gàrd a bhios ann?
Will he be a guard?

Eacarsaich 5

Are you a professor?	An e àrd-ollamh a th' annad/annaibh?
Is he not a crofter?	Nach e croitear a th' ann?
Aren’t they bakers?	Nach e bèicearan a th'annta?
Am I not a teacher?	Nach e tidsear a th' annam?

Were we accountants? Nach e cunntasairean a bh' annainn?
Was she a secretary? An e rùnaire a bh' innte?

Were you (plural) not hairdressers?
Nach e gruaigearan a bh' annaibh?
Were you not a vet? Nach e bheat a th' annad/annaibh?

Will they be fishermen? An e iasgairean a bhios annta?
Will he be a fireman? An e fear-smàlaidh a bhios ann?
Won't you (informal) be a pilot? An e paidhleat a bhios annad?
Will I be a professor? An e àrd-ullamh a bhios annam?

Eacarsaich 6

dotair	Tha dotair ag obair ann an ospadal.
manaidsear	Tha manaidsear ag obair ann an oifis.
poileas	Tha poileas ag obair ann an stèisean poilis.
bheat	Tha bheat ag obair air croit.
iasgair	Tha iasgair ag obair air bàta.
paidhleat	Tha paidhleat ag obair ann am plèana.
neach-reic	Tha neach-reic ag obair ann am bùth.
còcaire	Tha còcaire ag obair ann an cidsin.

dotair	Tha an dotair ag obair anns an (san) ospadal.
manaidsear	Tha manaidsear ag obair anns an oifis.
poileas	Tha poileas ag obair anns an stèisean poilis.
bheat	Tha bheat ag obair air a' chroit.
iasgair	Tha iasgair ag obair air a' bhàta.
paidhleat	Tha paidhleat ag obair anns a' phlèana.
neach-reic	Tha neach-reic ag obair anns a' bhùth.
còcaire	Tha còcaire ag obair anns a' chidsin.

Ceistean

1. Yes.
2. She got a new job.
3. Toilichte.
4. Consultant.
5. In a smart town office.
6. She explains job opportunities and careers.
7. Help finding a new job.
8. Accountant.
9. Animals.
10. No.
11. Put a plan in action.

Briathrachas	**Gàidhlig - Beurla**
's urrainn	can
a-mach	out (movement)
a-màireach	tomorrow
a-muigh	outside
a-nis	now
a-nochd	tonight
a-riamh	ever, never
a-rithist	again
a-staigh	inside
a-steach	in (movement)
a' blàthachadh	warming
a' breith	catching
a' bruidhinn	speaking
a' cadal	sleeping
a' ceannach	buying
A' Chàisg	Easter
a' cleachdadh	using
a' cluiche	playing
a' cluinntinn	hearing
a' coinneachadh	meeting
a' coiseachd	walking
a' comhartaich	barking
a' còrdadh	enjoying
a' creidsinn	believing
a' cruthachadh	creating
a' cuideachadh	helping
a' cùmail	keeping

a’ cur	putting
a’ cur an gnìomh	put in action
a’ daibheadh	diving
a’ dannsadh	dancing
a’ dèanamh	doing
a’ dìochuimhneachadh	forgetting
a’ dìreadh	climb
a’ dol a-steach	going inside
a’ draibheadh	driving
a’ dùsgadh	waking up
a’ fàgail	leaving
a’ faicinn	seeing
a’ faighinn	getting
a’ falbh	leaving
a’ feuchainn	trying
a’ freagairt	answering
a’ fuireach	living, staying
a’ gearran	complaining
a’ gluasad	moving
a’ leumadh	jumping
a’ lìonadh	filling
a’ lomadh	shaving
a’ marbhadh	killing
a’ mìneachadh	explaining
a’ nochdadh	appearing
a’ pàigheadh	paying
a’ peantadh	painting
a’ pòsadh	marrying
a’ ruigsinn	arriving, reaching

a' ruith	running
a' seachdnachadh	avoiding
a' seasamh	standing
a' seinn	singing
a' seòladh	sailing
a' sìreadh	looking for
a' siubhal	travel
a' smaoineachadh	thinking
a' tachairt	happening
a' tarraing	drawing
a' tighinn	coming
a' tilleadh	returning
a' togail	building
a' toirt	giving
a' tòiseachadh	beginning
a' tuigsinn	understanding
a' tuiteam	falling
actair	actor
Afraga	Africa
ag aontachadh ri	agreeing with
ag atharrachadh	changing
ag èirigh	rising
ag èisteachd	listening
ag iarraidh	wanting
ag iasgach	fishing
ag innse	telling
ag ithe	eating
ag òl	drinking
ag ràdh	saying

air fad	altogether
aire	attention
airgead	money
àm	time
am bliadhna	this year
amaideas	foolishness
an ath-bhliadhna	next year
an ath-mhìos	next month
an ath-sheachdain	next week
An Eadailt	Italy
An Fhraing	France
an uairsin	then
an-diugh	today
an-dràsta	now
an-seo	here
an-uiridh	last year
anmoch	late
antaidh	aunt
aodaich	clothes
aonar	alone
aran	bread
àrd	high, tall
àrd-ollamh	professor
athair	father
baidhseagal	bicycle
baile	town
bainne	milk
bala	wall
balach	boy

banaltram	nurse
barrachd	more
bàta-iasgaich	fishing boat
beachd	idea
beag	small
bean	wife
beathaichean	animals
bèicear	baker
beinn	mountain
bheata	vet
bile	lip
bliadhna	year
bogsa	box
boireannach	woman
boireanta	feminine
bòrd	table
botal-teth	hot-water bottle
bràthair	brother
brìgh	point, matter
bucaid	bucket
bùidsear	butcher
bus	bus
bùth	shop
caiptean	captain
cairt-gnìomhachais	business card
càise	cheese
cala	harbour
cànan	language
caora	sheep

càr	car
caraid	friend
caran	somewhat
carson	why
cas	foot
cas	steep
ceann	head
cèic	cake
cèile	spouse
cho	so
cidsin	kitchen
cinnteach	sure, certain
clach	stone
cliant	client
clò-sgrìobhadh	typing
cluas	ear
còcaire	cook
cogadh	war
còisir	choir
coltach ri	like
comain	debt
comhairle	advice
còmhla	together with
corrag	finger
cothrom	opportunity
crìoch	end
croitear	crofter
cruaidh	hard
cruinn	round

cuideigin	someone
cùis	affair, matter
cungaidhear	pharmacist
cunnartach	dangerous
cunntas	bill
cupa	cup
daoine	people
daor	expensive
dealbh	picture
dealbhair	painter
dearg	red
deireadh	end
deoch	drink
deoch-làidir	alcohol
dèonach	keen
dhachaigh	home
dìnnear	dinner
dlùth	close
dòchas	hope
dona	bad
donn	brown
dòrainneach	boring
doras	door
dotair	doctor
dragh	worry
draibhear	driver
dreuchd	career, job
drochaid	bridge
dùil	expectation

duilgheadas	difficulty, trouble
duine	man
eadar-dhealaichte	different
eaglais	church
einnsean	engine
facal	word
faiceallach	careful
faisg air	close to
falaich	hide
falamh	empty
feadhainn	some
feòil	meat
feuch	try
feum	need
film	film
fìon	wine
fireanta	masculine
fìrinn	truth
fliuch	wet
fodha	under
fortanach / mì-fhortanach	fortunately / unfortunately
fosgailte	open
freagarrach	suitable
frids	fridge
fuar	cold
fuaradair	fridge
fuin	bake
furasta	easy
gach	every

Gàidhealach	Highland
galar	disease
gaoth	wind
garaids	garage
gàrd	guard
gàrradh	garden
gealach	moon
gèama	game
geur	bitter
glic	wise
gobaireachd	gossip
goirt	sore
gòrach	silly
gràidh	dear
gràin	hate
greim	grip
greiseag	little while
grian	sun
gruagaire	hairdresser
gu leòr	enough
gu tur	entirely
guth	voice
hama	ham
iasg	fish
iasgair	fisherman
ìm	butter
inneal	machine
inneal-glacaidh	trap
innis	tell

iomadh	many
iomallach	remote
ionadail	local
ìosal	low
làidir	strong
làithean-saora / saor-làithean	holidays
latha	day
leabaidh	bed
leanabh	baby
leann	beer
leumadair-mara	dolphin
liath	grey
liosta	list
luath	fast
manaidsear	manager
maorach	shellfish
marag-dhubh	blackpudding
math	good
màthair	mother
mearachd	mistake
ministear	minister
mionaid	minute
mìos	month
naidheachd	news
neach-bùtha	shopkeeper
neach-comhairle	adviser
neach-iomairt	campaigner
neach-lagha	lawyer
neach-leantainn	follower

neach-naidheachd	reporter
neach-reic	salesman
neach-sgrùdaidh	auditor
neach-smàlaidh	fireman
obair	work
obair-ealain	artwork
òg	young
òran	song
òrdag	thumb
paidhleat	pilot
pàrant	parent
pathadh	thirst
peanas	punishment
peasraichean	peas
peatral	petrol
pìosail	attractive
piuthar	sister
plèana	plane
poileas	policeman
pòla-lampa	lamp pole
port	tune
prèasant	present
prìomh-actair	main actor
rèidio	radio
rìochdaich	represent
ro	too
rud	thing
rùn-dìomhair	secret
rùnaire	secretary

sàbhailteachd	safety
sabhal	barn
salach	dirty
sam bith	at all
sàmhach	quiet
sanas	advert
sanas-obrach	job advert
saor	cheap, free
seada	shed
seanair	grandfather
seann	old
seòladh	address
seòmar-cadail	bedroom
seòmar-ionnlaid	bathroom
seòmar-mullaich	attic
seòrsa	sort
sgeulachd	story
sgoil	school
sgoinneil	great, cool
shìos	down
shuas	up
sìos	downward
siùcar	sugar
slàinte	health
slat-iasgaich	fishing rod
soirbheachail	useful
sòisealta	social
solas	light
spaideil	fancy

staidhre	stairs
stèisean	station
stoirm	storm
suas	upward
sùil	eye
taghadh	choice
taic	help
tàidh	tie
taigeis	haggis
taigh	house
taigh-beag	toilet
taigh-dhealbh	cinema
talamh	ground
taobh	side
teachdaireachd	message
teagamh	doubt
teanga	tongue
teothachd	temperature
teth	hot
thall ansin	over there
ticead	ticket
tidsear	teacher
timcheall	around
tìr	land
toilichte	happy
tomàto	tomato
tonn	wave
trang	busy
tràth	early

trèan	train
tubaist	accident
turas	trip
ugh	egg
ùidh	interest
uileann	elbow
uisge	water
uncail	uncle

Vocabulary **English - Gaelic**

accident	tubaist
actor	actair
address	seòladh
advert	sanas
advice	comhairle
adviser	neach-comhairle
affair, matter	cùis
Africa	Afraga
again	a-rithist
agreeing with	ag aontachadh ri
alcohol	deoch-làidir
alone	aonar
altogether	air fad
animals	beathaichean
answering	a’ freagairt
appearing	a’ nochdadh
around	timcheall
arriving, reaching	a’ ruigsinn
artwork	obair-ealain
at all	sam bith
attention	aire
attic	seòmar-mullaich
attractive	pìosail
auditor	neach-sgrùdaidh
aunt	antaidh
avoiding	a’ seachdnachadh
baby	leanabh

bad	dona
bake	fuin
baker	bèicear
barking	a' comhartaich
barn	sabhal
bathroom	seòmar-ionnlaid
bed	leabaidh
bedroom	seòmar-cadail
beer	leann
beginning	a' tòiseachadh
believing	a' creidsinn
bicycle	baidhseagal
bill	cunntas
bitter	geur
blackpudding	marag-dhubh
boring	dòrainneach
box	bogsa
boy	balach
bread	aran
bridge	drochaid
brother	bràthair
brown	donn
bucket	bucaid
building	a' togail
bus	bus
business card	cairt-gnìomhachais
busy	trang
butcher	bùidsear
butter	ìm

buying	a’ ceannach
cake	cèic
campaigner	neach-iomairt
can	’s urrainn
captain	caiptean
car	càr
career, job	dreuchd
careful	faiceallach
catching	a’ breith
changing	ag atharrachadh
cheap, free	saor
cheese	càise
choice	taghadh
choir	còisir
church	eaglais
cinema	taigh-dhealbh
client	cliant
climb	a’ dìreadh
close	dlùth
close to	faisg air
clothes	aodaich
cold	fuar
coming	a’ tighinn
complaining	a’ gearran
cook	còcaire
creating	a’ cruthachadh
crofter	croitear
cup	cupa
dancing	a’ dannsadh

dangerous	cunnartach
day	latha
dear	gràidh
debt	comain
different	eadar-dhealaichte
difficulty, trouble	duilgheadas
dinner	dìnnear
dirty	salach
disease	galar
diving	a' daibheadh
doctor	dotair
doing	a' dèanamh
dolphin	leumadair-mara
door	doras
doubt	teagamh
down	shìos
downward	sìos
drawing	a' tarraing
drink	deoch
drinking	ag òl
driver	draibhear
driving	a' draibheadh
ear	cluas
early	tràth
Easter	A' Chàisg
easy	furasta
eating	ag ithe
egg	ugh
elbow	uileann

empty	falamh
end	deireadh
end	crìoch
engine	einnsean
enjoying	a' còrdadh
enough	gu leòr
entirely	gu tur
ever, never	a-riamh
every	gach
expectation	dùil
expensive	daor
explaining	a' mìneachadh
eye	sùil
falling	a' tuiteam
fancy	spaideil
fast	luath
father	athair
feminine	boireanta
filling	a' lìonadh
film	film
finger	corrag
fireman	neach-smàlaidh
fish	iasg
fisherman	iasgair
fishing	ag iasgach
fishing boat	bàta-iasgaich
fishing rod	slat-iasgaich
follower	neach-leantainn
foolishness	amaideas

foot	cas
forgetting	a' dìochuimhneachadh
fortunately / unfortunately	fortanach / mì-fhortanach
France	An Fhraing
fridge	frids
fridge	fuaradair
friend	caraid
game	gèama
garage	garaids
garden	gàrradh
getting	a' faighinn
giving	a' toirt
going inside	a' dol a-steach
good	math
gossip	gobaireachd
grandfather	seanair
great, cool	sgoinneil
grey	liath
grip	greim
ground	talamh
guard	gàrd
haggis	taigeis
hairdresser	gruagaire
ham	hama
happening	a' tachairt
happy	toilichte
harbour	cala
hard	cruaidh
hate	gràin

head	ceann
health	slàinte
hearing	a' cluinntinn
help	taic
helping	a' cuideachadh
here	an-seo
hide	falaich
high, tall	àrd
Highland	Gàidhealach
holidays	làithean-saora / saor-làithean
home	dhachaigh
hope	dòchas
hot	teth
hot-water bottle	botal-teth
house	taigh
idea	beachd
in (movement)	a-steach
inside	a-staigh
interest	ùidh
Italy	An Eadailt
job advert	sanas-obrach
jumping	a' leumadh
keen	dèonach
keeping	a' cùmail
killing	a' marbhadh
kitchen	cidsin
lamp pole	pòla-lampa
land	tìr
language	cànan

last year	an-uiridh
late	anmoch
lawyer	neach-lagha
leaving	a' falbh
leaving	a' fàgail
light	solas
like	coltach ri
lip	bile
list	liosta
listening	ag èisteachd
little while	greiseag
living, staying	a' fuireach
local	ionadail
looking for	a' sìreadh
low	ìosal
machine	inneal
main actor	prìomh-actair
man	duine
manager	manaidsear
many	iomadh
marrying	a' pòsadh
masculine	fireanta
meat	feòil
meeting	a' coinneachadh
message	teachdaireachd
milk	bainne
minister	ministear
minute	mionaid
mistake	mearachd

money	airgead
month	mìos
moon	gealach
more	barrachd
mother	màthair
mountain	beinn
moving	a' gluasad
need	feum
news	naidheachd
next month	an ath-mhìos
next week	an ath-sheachdain
next year	an ath-bhliadhna
now	a-nis
now	an-dràsta
nurse	banaltram
old	seann
open	fosgailte
opportunity	cothrom
out (movement)	a-mach
outside	a-muigh
over there	thall ansin
painter	dealbhair
painting	a' peantadh
parent	pàrant
paying	a' pàigheadh
peas	peasraichean
people	daoine
petrol	peatral
pharmacist	cungaidhear

picture	dealbh
pilot	paidhleat
plane	plèana
playing	a' cluiche
point, matter	brìgh
policeman	poileas
present	prèasant
present	prèasant
professor	àrd-ollamh
punishment	peanas
put in action	a' cur an gnìomh
putting	a' cur
quiet	sàmhach
radio	rèidio
red	dearg
remote	iomallach
reporter	neach-naidheachd
represent	rìochdaich
returning	a' tilleadh
rising	ag èirigh
round	cruinn
running	a' ruith
safety	sàbhailteachd
sailing	a' seòladh
salesman	neach-reic
saying	ag ràdh
school	sgoil
secret	rùn-dìomhair
secretary	rùnaire

seeing	a' faicinn
shaving	a' lomadh
shed	seada
sheep	caora
shellfish	maorach
shop	bùth
shopkeeper	neach-bùtha
side	taobh
silly	gòrach
singing	a' seinn
sister	piuthar
sleeping	a' cadal
small	beag
so	cho
social	sòisealta
some	feadhainn
someone	cuideigin
somewhat	caran
song	òran
sore	goirt
sort	seòrsa
speaking	a' bruidhinn
spouse	cèile
stairs	staidhre
standing	a' seasamh
station	stèisean
steep	cas
stone	clach
storm	stoirm

story	sgeulachd
strong	làidir
sugar	siùcar
suitable	freagarrach
sun	grian
sure, certain	cinnteach
table	bòrd
teacher	tidsear
tell	innis
telling	ag innse
temperature	teothachd
then	an uairsin
thing	rud
thinking	a' smaoineachadh
thirst	pathadh
this year	am bliadhna
thumb	òrdag
ticket	ticead
tie	tàidh
time	àm
today	an-diugh
together with	còmhla
toilet	taigh-beag
tomato	tomàto
tomorrow	a-màireach
tongue	teanga
tonight	a-nochd
too	ro
town	baile

train	trèan
trap	inneal-glacaidh
travel	a' siubhal
trip	turas
trip	turas
truth	fìrinn
try	feuch
trying	a' feuchainn
tune	port
typing	clò-sgrìobhadh
uncle	uncail
under	fodha
understanding	a' tuigsinn
up	shuas
upward	suas
useful	soirbheachail
using	a' cleachdadh
vet	bheata
voice	guth
waking up	a' dùsgadh
walking	a' coiseachd
wall	bala
wanting	ag iarraidh
war	cogadh
warming	a' blàthachadh
water	uisge
wave	tonn
wet	fliuch
why	carson

wife	bean
wind	gaoth
wine	fìon
wise	glic
with	còmhla
woman	boireannach
word	facal
work	obair
worry	dragh
year	bliadhna
young	òg

Meal do naidheachd!

Printed in Great Britain
by Amazon

46842777R00108